離れていても家族

亜紀書房

品田知美
水無田気流
野田潤
高橋幸

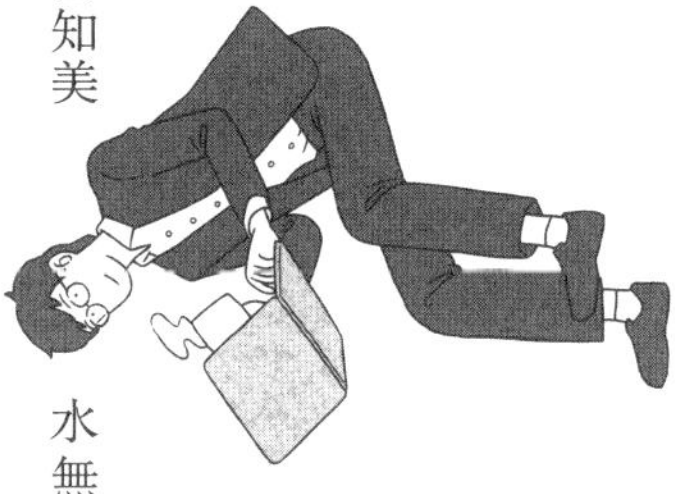

離れていても家族　目次

まえがき——4

序章
幻想の家族像を捨てる——7
品田知美

1
家族像の輪郭——35
生活時間の変化から
品田知美

2
生活の充実感をもたらすものは何か——67
高橋幸

3
リビングという空間——107
住まわれ方の日英比較
野田潤

4
「郊外」から考える――139
「家族」と「幸福」の物語
水無田気流

5
家族生活の意味論――179
日本とイギリスの価値意識
品田知美

終章
離れても共にいても家族――217
品田知美

調査概要――264

座談会
日本の家族像を点描する――266
品田知美×水無田気流×野田潤×高橋幸

あとがき――296

引用文献――302

まえがき

品田智美

いま私たちはどこを漂っているのだろう。戦後奇跡的な勢いで工業化を達成し、不動産と金融界を席巻したバブル時代が終わり、失われたといわれる時代はもう30年になろうとしている。その間、積みすぎた箱舟として漂っている幻想の家族に、私たちはいまも新たな荷物を乗せようとしている。荒波に揉まれる世界のなかで、日本の家族はその重荷に耐え続けられるだろうか。

どこか遠くに置き去りにしたくても、目をそらしようもない現実が横たわっている。

まえがき

品田知美

低い出生率と世界一進んだ高齢化は言うに及ばず、ひとり親の子ども貧困率の強烈な高さ、同姓を強いられる唯一の制度を持つ根強いジェンダー差別の残る社会。グローバルな文脈でみたとき家族とジェンダーにかかわる事象は特異的である。これを日本らしさであると開き直ることもできる。だが、もし多くの人々にとって不幸の源泉がそこにあるなら、何かを変えたほうがいい。

家族とジェンダーという領域は一つのまとまりを形成して私たちの社会の基礎をなしている。百花繚乱の家族論が巷に溢れている時代に、そこに何をつけ加えられるのか。どうやったらこの領域から社会を語ることができるか。

私たちはありふれた場所から語ってみようと思う。蓄積された世界の専門知の断片を集めて考える研究者として。女性であり、子であり、ときに親である当事者として。言葉にとどまらない何か声にならないものが交わされた記憶とともに。

いまはポスト近代の時代であるともいわれる。けれども家族の近代とはなんであったのかすら、そうはっきりはしていない。そこで、私たちはもう片方の特異な場である近代発祥の地イギリスに赴き、現代家族という雛形をあてて逆照射を試みた。漏れ出てくる光をあてて日本の家族像との重なりぐあいをシンプルに描くために。

うっすらとではあるが家族とジェンダーに表れている個別の現象がつながってきた。

さほど時間と空間を共にせず存続してきた日本の家族は、未来に向けて現在の時間を離れたまま過ごすことができる。それが現代日本で当たり前のように受け止められている家族の暮しである。他方、彼の地ではいまそこにある関係しか信じられていない。カップルが出会い結びついて創られた脆く儚い核家族は、常に互いの存在を確かめ合わなければ持続できない。共に過ごす関係そのものが家族の意味なのだ。

形からみれば違いのない親と子からなる日本の家族は、近代発祥の地にあった家族とはずいぶん違って見えた。よりよい将来のためにいまここにある家族と過ごす時間を後回しに離れて過ごす日本の家族は、ときに強靭である。単身で赴任地に赴き遠距離通勤と残業続きの夫と、子育てに身を捧げる妻たち。明るい未来が予測された時代にはこの家族関係は輝いていたかもしれない。しかしひとたび社会の見晴らしが不透明になったとき、その強さは逆回転を始めてしまう。いま共に過ごすことに家族の価値を置かない社会には、あえて家族をつくる意味が足りていないからだ。

この本では、漂流している海原で航路を失って漂う日本の家族に、現在地が想像しやすくなるような座標を与えてみたい。

いつの時代だろうと簡単な人生の旅などはなかった。私たちの探索の痕跡をここに残すことが誰かの旅路を照らすとき、社会の礎石は少し揺れ動くだろうか。

序章

幻想の家族像を捨てる

品田知美

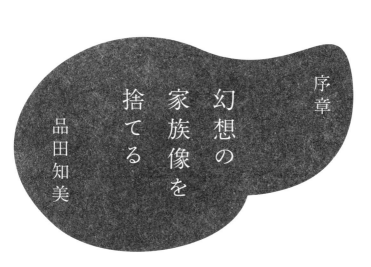

家族像はどこからくるか

現代日本に生きる〝私たちの家族〟はどんな像としてイメージされているだろうか。自分の家族や親戚、友だちの家族などから得たイメージは千差万別だ。けれども、それとは別に一般的な家族とはこういうもの、という像は社会の側からもやってくる。一般的な家族をイメージするアニメにどんなものがあるか学生たちに聞くと、クレヨンしんちゃんやちびまる子ちゃんなどの番組をあげる人が多い。すこし昔の家族イメージになると国民的アニメともいわれるサザエさんになるだろう。高度成長期に生まれ育った世代には、ドラえもんの世界がぴったりくるかもしれない。家族アニメの視聴率はとても高いので、日本人はほとんど知っているし、最近はアジアでも人気があってよく知られている。身近な家族から得た知識のほかに、そういった外からやってくる家族像を私たちは気づかないうちに共有している。

ところが、アニメの家族像が時代の多数派を表しているとはいえない。例えば、サザエさんは長期にわたり、三世代が仲良く同居する家族のイメージを振りまいてきた。け

れども、戦前でさえ家族の三世代同居は14%にすぎないという調査結果もある。[*1] まして

サザエさんは妻方に同居している珍しい家族である。さらにはアニメの元になる新聞連載漫画が掲載されはじめた1946年には、サザエさん一家の主人である波平やマスオのように、世帯主が月給取り（当時のサラリーマンを意味する）だった家族は少数派で、4世帯に一つもなかった。自営業を主とした共働き世帯は、戦後ずっと半数ぐらいを占めていたのに、家族アニメに登場する女性たちはたいがい専業主婦である。ドラえもんに登場するジャイアンの母親が、都市で商売を営んでいるくらいがせいぜいだ。主人公に近い友だち家族を含めても、農業などの第一次産業に従事している家族はまず登場しない。

では現実で多数派とはいえないならアニメの家族像とはなんだろう。

時代ごとに普通の人にとって求めれば手に届きそうな、都市に住む中流家族という理想像を表していたと考えるとわかりやすい。想定されている居住地は、サザエさんが現在の世田谷区の桜新町、ドラえもんが西東京市、クレヨンしんちゃんが埼玉県の春日部市あたりで、どこもその時代に首都圏で子どもを育てようとする新婚家族が住まいを手に入れやすかった郊外エリアだ。ちびまる子ちゃんは静岡県静岡市で地方の中核都市に住む家族像のモデルである。静岡市はかつて日本の平均的な購買傾向を探る市場調査地として知られていたように、首都圏とは違う地方の暮らしを象徴する。

ただし、バブルの時代に東京から隣接県に移動したクレヨンしんちゃんあたりを最後に、共通の理想となる家族像は見えにくくなった。

もう新しい国民的家族アニメは登場できなくなっている。それだけ現実に人々の暮らし方に多様性がもたらされたのだ。子どもがいる人だけを見ても、ひとり親のもとで育っている人はめずらしくないし、再婚して血のつながりのない親子を含むステップファミリーも増えている。夫婦2人がフルタイム就労で都心の億ションに居住する人たちもいるいっぽうで、地価の高い東京では就業しても親と住んでいたり、経済上の理由から結婚・出産後も親と同居せざるを得ない人も増えている。実のところ、親世代が敷地を分割したり現代的な設計で二世帯住宅を作ったりすると、統計上は核家族になる。首都圏では次世代が地方に流出しないため、現代では身近に親世代がいる傾向は意外に強い。地方から出てきたカップルからなる核家族という設定のクレヨンしんちゃんの想定居住地が埼玉県に設定されたように、いまや東京は単身者と子どものいない夫婦が中心の街で、全世帯に占める核家族の割合は全国で最低なのもうなずける。つい先ごろ保育園の待機児童はほぼ解消されたように、コロナ禍でこの傾向がさらに進んだであろう。

メディアに表象されている家族像は、意外と根強く頭に残る。自分はこの家族と違っていても世間はそうだろう、となんとなく想像していたりする。自分が育った家族はクレヨンしんちゃんやちびまる子ちゃんとそっくりだった、という人はもちろんいるけれども、同じような家族を自分もつくろうと思うと、現実的ではなかったりする。中高年はさらに古い時代のアニメの家族像が脳内につくられているから、現在の若年層の状況がなかなか想像できない。幻想の家族像は私たち自身の想像力を狭めてしまうだけでなく、政治や行政、教育の場にも深く浸透しており、家族とはこうであるはずだ、という人々の思い込みを日頃から強化する。実際教科書には、核家族の例としてクレヨンしんちゃんの野原家、拡大家族[*2]の例としてちびまる子ちゃんのさくら家が紹介されていることもある。

こうやっていったん強化された幻想の家族像は、どれほど多様な家族の事例を目にしようと、自分が知っている現実を例外として認識させてしまう。幻想の家族像からまずは解き放たれなければ、私たちは一歩前に踏み出すことも世代を超えた対話もできないと思う。

子育てする家族像を描く意義

本書では現代日本で現実に子育てする家族にもう少し近い家族像を描いてみたい。ただし、もう日本では、子ども(児童)と同居している家族は5世帯に一つぐらいしかない。そうなると〝子育てする家族〟に照準するだけで、少数派がターゲットとなってしまう。昭和の終わりにはまだ半数近くを占めていたから、平成とは近所から子どもの声が聞こえなくなっていった時代なのだ。それでも少数派になってしまったこの家族が、私たちの未来社会をつくるのだから、特別な重みがある。子育てする家族像を描く意義はここにある。

ところで、家族は社会のもっとも基礎的な集団の一つだ。家族像を描こうとするのは社会を知るための最初の一歩である。現代の子育て家族のことがよくわからなければ、未来社会は語りえない。ところが、家族のことを本気で考えようとする学問領域はあまり大切にされていない。ジェンダーという領域に至っては明確なバッシングも起きている。すこし息を吹き返しているようにみえるのは、つい最近になって女性たちがSNS

で直接発信できるようになったからでもある。残念なことに、大学で家族やジェンダーといった講義で学ぶ割合は女性の方が多い。女性が知識を蓄えるいっぽうで、男性にはごく基本的な議論ができる知識さえも届いていない。

男性知識人が言論をつくりだしてきた思想界で、家族・ジェンダー領域が深まらなかったのは、欧米のように家族が壊れてなどいないのだから日本は大丈夫だ、という妙な安心感に酔っていたからではないか。ＮＯ．１としての日本社会像は80年代に広がったが、その輝かしさの裏からの視線が入ったヴォーゲルの元妻による著書では、戦後復興のただ中にあって日本の家族像は大きく変わったとされる（ヴォーゲル２０１２）。権力ある座についた人は、家族の変化する可能性を深刻に受け止める能力に欠けていた。

はっきりさせておこう。社会を理解するためには、まず基礎的集団としての家族をよく知ることからはじめなければならない。家族という問題系が女子どもの領域へと追いやられたところに、深刻な失態がある。政策を語り未来を構想するなら、まず拠って立つ基礎を直視すべきだ。もちろん雛形のある家族を国家の基盤に据えようというのではない。社会は人々の希望がつくる潮流に逆らえないのだから、個人が自由な人生を組み立てようとする動きが増す中で、自分が家族をつくるかどうかも含めて選べるしくみを整えるのが、政治や政策ができることだ。若い人々の希望を支援する側に立つほか未来はなく、怠れば必ず後でしっぺ返しをくらう。

しかし、現実を直視するといっても、複雑で大きい日本のような家族を分析し語るのはとても難しい作業になる。家族の学問分野は細分化していて、日本の家族はこうなっている、というシンプルな論点提示は避けられがちになる。民主的な現代家族になったから問題だ、という保守派の裏返しが、民主的な家族になりきれていないのが問題だ、という革新派の議論になっている。けれど、その民主的な家族像とはなんだろう。論点は出し尽くされているだろうか。

家族をめぐっては、一見したところ政治が伝統家族ｖｓ現代家族の構図で対立しているかのようで、どちらも制度上の違いを一歩離れたとたんに中身があやふやなのである。戦前の家制度といっても、長期にわたる歴史を踏まえたものではなかった。家《イエ》は長らく別姓であった日本の婚姻のしきたりを、当時の欧米にならって同姓に変え、戸主に絶大な権限を持たせた特殊近代的な制度でもある。戦後の民法では戸主の権限は否定されたけれども、いったん得た権力の蜜は甘い。なかなか世帯主の側から手放されることはなく、世帯員も身分差を受容している。伝統と現代という図式では家族の現実を捉えきれないと思う。

では、どこに日本的な家族の特徴と問題性があるのだろう。あらためて考えるために、この本では、あえてシンプルに日本の現代家族像を提示してみよう。

現実の家族像に近づく方法

私たちがイメージする家族は、現実の多数派を表しているとは限らないとして、どうやって現代日本の現実に近いふつうの〝私たちの家族像〟をつかまえればよいのだろう。多様さに目をむけるのではなく、本書は子を育てる家族に対象を限定して、家族アニメにとってかわるような、〝私たちの家族像〟をつくろうと考えた。

ところが、これが意外と難問なのである。社会学はなかなか一筋縄ではいかない学問で、人々は社会のことをみな自分なりに知っており、社会学者はその1人にすぎない、という理論になっているからだ。それが回りくどい語り口になり、社会学者が「こうなっている」となかなか言わない理由だ。自然科学者なら「専門家が研究したのだからこうなっている」と納得されやすいし、みんなが知らないことを研究しているので、同胞からしか批評の弾は飛んでこない。いっぽう社会学者のほうが社会をよく知っていると、世間で簡単には納得してもらえない。

なかでも家族社会学はとりわけ厳しい。環境とか文化といった分野ならば、まだ人が知らないことを前提に語れることが多い。しかし、みなそれぞれ身近で家族と過ごしているうえに、幻想の家族イメージが頭に入り込んでいるとなると、日本の家族はこうなっている、といくら説明したところで納得してもらえない。そのとき〝私たちの家族像〟を間違えずに丁寧につかまえるにはどうしたらよいか。

本書では次のような方法的規準をおいてみた。

1　意味や解釈のしかたに対して予先観念をさける

この規準にもっとも近い理論を提示した古典的な社会学者はデュルケムである。彼はすべての予先観念（Prénotion）を系統的に斥けなければならないと述べる（デュルケム１９７８）。家族には学問分野に限ったとしても、様々な解釈のしかたがある。千差万別の個人の解釈のすべてを参照できないから、そのときどきに専門家が重視する研究の流れを踏まえて書くのが一般的な作法である。

けれども、専門家がつくる学術共同体のトレンドは、時に予先観念ともなりうる。学問の世界ではいま使用言語の英語への標準化が起きている。社会学という学問も例外ではない。そうすると、世界の学問共同体のトレンドのもとで研究を行う傾向がより進む。

世界中でジェンダー・家族関係が急速に変化しているなかで、日本の家族は変化を拒んでいるようにみえる。それがなぜなのかを考えるにあたり、この方法が有用とは限らない。そこで、いったんこれまでの家族論は脇に置いて考えを進めたい。

2 現実をできる限り多元的にくみとる

現実（リアリティ）は、異なる質をもつ多元的なものをとりこみたい（今田編2000）。本書では生活時間調査など大量観察をもとにした平均的な現実と、インタビューによる個別事例から引き出される個別性の高い意味から捉えられる現実の二つを、主に参照している。異なる次元から引き出される現実の解釈は必ずしも一致するとは限らないが、統一的に理解できればより安定した結論を提示できる。同じ分析枠組みのなかで、異質な次元のリアリティを組み合わせる方式も有用だ。二つの現実にはそれぞれの強みと弱みがあるからだ。

大量観察に基づいた知見は、外枠の輪郭をスケッチするのに向いている。平均という数値は多様性を記述する時には注意が必要だけれども、複雑で大きい社会の現実を捉えようとするときには便利である。ただし、統計的分析手法に対するそれなりの知識を欠いたまま、利用のしかたを間違えると解釈が変わってしまう。最近はデータ分析が流行《はや》りなので、政府やメディアは好んで数値やグラフを使って説明するようになった。それとわからないようデータで騙そうとしたり、明らかに間違った解釈も出回っている。大量観察データさえあれば何かがわかる、という信仰からは自由でいたい。

いっぽう、もう一つの事例から意味を引き出そうとする時には、手続きや方法の見通しをよくしておくことが大切だ。本書では事例のみから意味を引き出す方法はとらず、量的データで輪郭を描き、細部の像を質的データで書き込みをしていくことを想定してあらかじめ調査を企画し分析をする。そして事例の言葉の中から、大量観察からわかる現実が人々にどんな風に受け止められているのか、未来への予感を読み取りたい。人々が語る言葉は個人の主観に基づいているものだが、その社会からみた共通の理解があらわれてくる場ともいえ、多様になるとも限らない。例えば、仕事の時間が長いと感じるかどうかは社会によって違う。けれど個人の感じかたも周りの人や世間でどう感じられているのかに左右される。気づかないうちに個人を圧倒するのが、社会というものの底知れぬ恐ろしさなのである。

デュルケムによれば通常の社会で「一般的にみとめられているもの」が正常とされるのであって、異常とは単にそこから外れたものでしかない。この正常という言葉は、英語にするとnormalだ。そのまま統計用語で標準を意味し、正規分布はnormal distributionとなる。多数を占めていればそこに正しさがある、という意味を被《かぶ》せたのは翻訳した日本語である。私たちは多数を占めていて標準的であることと、正しさという意味の領域を区別して使うよう気にかけておく。同じ社会でも時代が違えば標準とされるものは変わるし、地域や国によっても大きく違う。いま一般的にみとめられている〝私たちの家族像〟が将来も正しいものであるとは限らない。

言葉としての家族と境界

私たちは日常的に家族という言葉を気軽に使っている。けれども家族は時代や地域によって常に揺れている存在なので、家族とは何かは簡単には定義できない。家族だと思う範囲は人によって違うし、多くの人が考えている家族の境界は時代や社会によって変わるからだ。さらに親族と家族の境界はあいまいだ。その境界がない社会もあるけれど、現代日本では少し違う集団だという認知が進んでいる。

　また、家族には自分が生まれ育った家族と、新たに創っていく家族があるとされている。社会によってはこの二つの家族に同等の重みは持たせていないし、世代によっても重みは違う。生まれ育った家族でさえ誰もが持っているとは限らない。かつて、自分は施設育ちだから生まれ育った家族はないと話してくれた学生がいた。もちろん施設で育ったとしても、そこで出会った人を家族だと認識している人もいるだろう。新たに家族を創らない人が増えて、どれほど年を重ねても家族が一つのままである人も多い。人が手にする家族という関係性は縮小しつつある。本書では未来社会を考えるにあたり、結婚や出産によって新たに創っていく家族を中心に議論している。

家族という集団には、様々な二者からなる関係が含まれている。わけても基礎的な関係は、夫婦関係と親子関係である。配偶者や子どもがいるのにその人を家族だと認知しない人は数%しかいない。逆にそれ以外の関係となると、家族の一員とはみなされていない場合も結構あるということだ。「誰を家族と思うか」という問いからみると近い親等で姻族よりは血族が、傍系よりは直系が、上向世代より下向世代の親族カテゴリー（例えば、孫からみた祖父母よりは祖父母からみた孫）が家族と認知されやすい。そして同居親族はたいがい家族と認められている（藤見・西野編２００９）。

もともと日本語としての家族は幕末から明治初年にかけてfamilyに該当する語として使われだした言葉である。定着したのは１８８０年代半ばであるようだ（広井２０１１）。家族の境界は言葉が与えられる以前と以後では大きく違っているであろう。本書がおもに目配りをする範囲は、おおむねこの家族という言葉が通用する以後の時代としておく。

また、家族とないまぜになって使われる家庭という言葉は、同じく明治期にホームの訳語として定着していった。家庭という言葉は保守的な家《イエ》に対置させて、愛によって結び付けられた民主的な家族概念を付与し、「新たな家族」や「理想の家族」像を広めようと啓蒙する際に用いられる傾向のある言葉だ（磯部２００８）。２０２３年にこども庁の設置をめざすという動きに対し、家庭を付加せよという保守政治家からの要請があったようだ。やはりここには理想の家族像への憧憬が込められているのだろう。ちなみに、『日本大百科全書』によると「家庭については家族が生活する場であるとか、生活のよりどころであるとか拠点であるとかいうように、場所を意味する表現がかならず付帯する」と解説されている。

家族社会学では人の関係性に焦点をあてて議論することが多いので、家庭という用語はあまり用いられないし、どちらかというと好まれない傾向がある。ただし、人が生きる器としての住宅や都市のかたちと家族の関係性は、これまでも論じられてきたようにとても重要な問題系である。本書は空間と関連づける視点を積極的に取り込んでいく。

家族の関係性の捉えかた

ところで、ざっくりと言ってしまうなら、家族は形態と関係性の二つの側面から捉えられてきた。

形態とは家族成員の人数、年齢や性別、血族や姻族などの含まれ方など外からの観察で明確に確定しやすく記録の残りやすい側面に着目する。たとえば、ひとり親や核家族、拡大家族といった分類は形態に着目したものだ。核家族は狩猟採集民の社会でも産業化された社会でも一般的であるばかりでなく、どんな家族が規範とされる社会でさえ、統計的には広く見出される。

それに対して、関係性の議論とは家族システム論で知られるように、家族の役割や機能をめぐってなされることが多い。とくに、福祉領域では家族が福祉の源泉とみなされており、機能が議論の前提になりがちだ。拡大家族も多く残る日本の家族では、子どもの養育にくわえて高齢者も含めたケア関係が家族論の中心となる。日本の家庭科教育では、家族を一貫して機能の側面から定義づける。具体的には、家庭の基本的な機能を、労働力を提供し、子どもや高齢者を養育・介護し、愛情を充足し、休息しつつ生活文化を伝承する場だと解説される。

しかし、人はなにかの機能のために家族を形成しているとは限らない。虐待やＤＶのように負の関係性が生じるときは、期待されている機能があるからこそ、逆機能に陥る。多くの社会で家族に乗せられていた機能の一部が外部化していったことは事実であるが、新たに乗せられてきたものも多い。機能は社会の側から時々の都合で乗せられたり、減らされたりする。人々が家族に乗せている現実の意味と、社会から期待される機能は必ずしも一致しない。現代とは社会が期待する機能が、人々が求めている意味と大きくずれてきた時代ではなかろうか。したがって、本書では家族を最初から機能の枠組みに囲い込むことはせず、人々が家族にどんな意味づけをしているのかを、あらためて探ろうとする。

家族の形態と関係性という二つの側面は密接にからみあって変化してきた。本書では意味づけを探るにあたり、特に関係性に目を向けたいと思う。関係性は外部から把握されにくく記録にも残りにくい。この小さな研究プロジェクトからもなにか知見を付け加えることができるだろう。そして、関係を比較しようとするなら、形態はある程度そろえておいたほうがよい。関係性の違いがもたらされている要因を可視化しやすくするためだ。

子どもが同居している家族であるという条件に加えて、比較の上で重要な項目は子どもの年齢である。女性の就労状態は結婚や子どもの誕生と年齢によって大きく左右される。「第16回出生動向基本調査」によると第一子出産後の妻が就業を継続する割合が上昇し、半数を超えたとはいっても、すでに出産前から無職の人も5人に1人はいる。さらに育休取得後、第二子出産後、小学校入学時と、女性の就業継続にはいくつもの壁がある。もっともそのいっぽうで、子どもが小学校に上がるのを機会に新たに仕事を始める人は多い。中高生になると、部活や受験に忙しいので家族旅行もそう簡単に行けなくなるが、小学生がいる家族は6年と長く比較的安定した生活が目指され、子どもにとって親とのかかわりが大きい意味を持つライフステージだ。大半の子どもが公立の小学校に通うため、特定の時代・社会の家族像を比較するには適している。そこで、本書では子どもがいる家族として、小学生がいる家族を主に念頭において観察をすることにした。

地域性と家族

家族のみかたが個人によって違うように、地域は日本の家族に多様性をもたらしている。古典的には日本の農村地域に東北型と西南型の家族があると指摘されることもある。2000年代に入ってもその差異はさまざまな側面から残存しているようだが、本書では残念ながら日本国内の地域性までは目配りができない。

多くの人々が全国から参集しつづけた首都圏は東北型家族の圏内にあるとはいえ、移動してくる人も多く現在では複合的な文化圏を形作っており、また国内に文化が発信されて増幅させていく拠点でもある。その意味で、日本社会の未来を少し先取り的に捉える場所としてふさわしい。本書のインタビュー調査地を首都圏とし、対するイギリスの調査地をロンドンとその近郊という地域に設定した理由はそのあたりにある。

また、都市社会学が関心をもってきたように、地域性を考えるもう一つの視点には、都心、郊外、農村という区分がある。とりわけ都市郊外とは男性の稼ぎ手と専業主婦という、いわゆる性別役割分業を体現する〝近代家族〟が典型的に立ち現れるところとして、常にフィールドワークの対象となってきた。例えば、ヴォーゲルの『日本の新中間階級』（1968）は、1960年頃の郊外に住む中流の日本家族を詳細に描いた古典的著作である。首都圏を調査地にするとしても、そのどこに家族が住んでいるのかによってライフスタイルの違いが予想されるため、日本とイギリスで観察対象者を選ぶにあたっては、居住地域が都心・郊外・農村地区が同じようなバランスとなるよう慎重に配慮した。

この本で日本社会を理解するための比較の雛形に、イギリスという社会を置くことにした理由は、最も早期に産業化していった社会の一つであるからだ。世界中にみられる現代家族の存在様式は、一八世紀後半にイギリスを中心に拡大した産業化と分かち難く結びついている。明治期に家族や家庭といった言葉とともに、イギリスなど欧米の家族像が日本社会に到来して、現実に与えた影響はいまも大きい。日本も含め瞬く間に世界に広がった産業化社会であるが、そのわりには家族・ジェンダーの現状には差異が残存する。

産業化が進展した社会で、これから家族がどのように変容するのか、という予測は未来社会を考える鍵となる。相対的に比較しながら考えるためにも、イギリスという近代社会の現代家族を参照規準に置いてみたい。急いで大事なことを付け加えておくなら、産業化が遅れた社会が後を追いかけるという前提は置いていない。

P・ラスレット（1992）が明らかにしたように、イングランドでは近代化によって家族が拡大家族から核家族に変化したという事実は見当たらず、ずっと核家族であったとされる。また、E・トッドは、たとえ形態変化していても、歴史的に関係性に内在していた価値の体系が、家族というシステムを通じて長期にわたり継承されていると説明し実証している（トッド2008）。社会の背負う歴史の重みが、家族には組み込まれているのである。その重みの正体を知って初めて、私たちの未来への選択に向けて、意義ある語り方が見つかるのではないか。そして、アジア地域で最も早くに産業化した社会である現代日本の家族像を描くことが、やや遅れて産業化の進展した社会にとっても、礎石となるであろう。

ジェンダーと家族

この二つの領域は時にまとめて考えられがちであるけれども、実はかなり違っている。家族研究者は家族を解釈するためにジェンダーを考えるが、ジェンダー研究者はジェンダーを解釈するにあたり家族をみる。似ている領域のようでも、考える因果の方向性が真逆なのだ。本書の執筆者にはその双方の研究者がいるので、同じ現象をみていても、幸い視点が交錯して深められる。家族を理解しようとすれば、現状ではジェンダーという変数を抜きにできないが、将来には重要視されなくなることはありえる。それが平等になった世界における家族研究の姿である。しかしいまのところは、日本で家族を考える際に、ジェンダー領域を抜きには語れない。

ジェンダー自体を研究対象にするなら、性の曖昧な境界を精緻にした議論がもとめられる。本書では男女という2分割されたカテゴリーを頻出させ、家族をとても固定化された集団として記述している。このように、人間の性を2分割してしまうなどという雑な記述をするのは、本意でないとあらかじめ理《ことわ》っておこう。しかし、2分割を前提とした議論が孕む問題性は認識していても、現代日本ではまずもってジェンダー平等があまりにも遠いという現実が、こういった記述のしかたを選択させていると理解してもらいたい。

グローバルな文脈でみたとき、家族とジェンダーにかかわる事象に日本の特異性はあらわれがちだ。国別データを男女別に比較すると、極端な差がある項目が日本にはとても多い。具体的には、ジェンダーギャップ指数の順位は、146ケ国中125位で、当然ながら先進国中最下位である（「Global Gender Gap Report 2023」）。特に政治分野が１３８位、経済分野１２３位と低くなっている。民主的な選挙を経てその地位が得られる衆議院の女性比率は２０２１年の選挙でさらに下がり、22年現在９・７％にすぎない。管理職の女性割合が12・９％と低いままで、パートタイマーが多く所得が低いという状況が指数に反映されている。イギリスのジェンダーギャップ指数の順位は全体で15位と上位にあり、政治の順位は63位で経済分野が21位となっている。管理職の女性割合は41・０％で日本の３倍以上である。

女性の労働力率だけを比べると日本もイギリスも７割を超えていて大差がない。つまり、日本社会は女性が賃金を得て働くことに抵抗を示していないのに、政治や企業など組織的な活動の場において、正規に雇用されたり、リーダーシップを取ることに対して、特異的な抵抗が生じているのである。そのため、低賃金の非正規雇用職につくことが多い日本女性が子連れで離婚してひとり親となると、その経済状態が反映されてしまう。「OECD family database」によると２０１８年あたりのＯＥＣＤ諸国のデータでひとり親の子どもの貧困率は、ブラジルと南アフリカについで日本はワースト３位の48・３％で、イギリスは28・１％でＯＥＣＤ平均よりも低くなっている。また、２０２２年現在で日本の出生率は１・26であるのに対してイギリスは１・75となっており、先進国の中では相対的に低い社会と高い社会になる。

こういったデータ上の日本女性の地位の低さとは別に、日本人の婚姻に関して、姓を妻と夫が必ず同一にしなくてはならないという制度上の特異性もみられる。２０２１年に国会質疑がなされたとおり、世界で婚姻に際し同姓を強制するのは、22年現在で日本にしかない制度である。２０２１年の婚姻において95％が夫の姓を選んでいることから、国連の女性差別撤廃委員会が実態としての差別にあたるとし、選択的夫婦別姓制度を導入するようたびたび勧告をした。それでも２０２１年最高裁は憲法に違反するものではないという判断を下し、この制度は２０２２年現在継続している。

このように、日本社会では女性が集団を代表することをよしとしない、という特徴が明確である。婚姻に関しても代表者に世帯主としての夫をたて、その姓をもって家族を統合するという形式が継続されている。１９４７年に民法が改正されてから70年以上が経過しているが、実態としての家族は明治期の家制度からさほど隔たっているようには思えない。１９８０年代半ばに制定された男女雇用機会均等法は、従来からの男性からなる職域に女性が入ったり、女性からなる職域に男性が入る機会を飛躍的に増やしたという意味で画期的な制度だったけれども、現実への影響はささやかだった。制度が整ってきてもここまで変化が拒まれている理由はどこにあるのか。

日本社会の特異性と近代

女性が集団を代表することをよしとしない、という日本社会の特徴がある。そうなると、学歴や収入を得て社会的地位を高めようとしても、女性であるがゆえにその効果があまりもたらされず、集団として排除されやすくなる。奇妙にも、ジェンダーギャップ指数を構成する部門で、識字率や小学校教育への参加率、女児の出生比率など、日本は堂々の1位なのであり、健康寿命で見ると72位と中位より上くらいに落ち着く。つまり、出過ぎなければ杭は打たれずに女性も人生を過ごせる社会となっている。女性という集団をまとめてジェンダーが語りにくくなっている理由は、階層が分断をもたらしているからだ。身分ではなく能力によって処遇されるべきである、という近代的な価値観は、日本ではジェンダーを超えては働いていない。

私たちは家族・ジェンダーに絡むこのような特異性が、どうして日本社会に生じているのかを知りたいと思う。これまで、階層も含めて納得できる説明がなされてきただろうか。例えば、社会階層論には分厚い蓄積がある。けれど階層は長らく世帯主すなわち男性によって代表されるものであったので、女性の地位はブラックボックスに入っていた。なぜ男性が代表をするのか、という問いに答えるのが原理的に難しい構造であった。女性の地位を男性世帯主と別物と考える視点はまだ始まって日が浅く、いまも専業主婦をめぐまれた階層と捉えている言説が専門家を含めて散見される。

それに、家族・ジェンダーに絡む日本の特異性が国際比較の文脈であからさまになってきたのは、最近のことだ。制度的な改革が進むことで平等化も進み、出生率も回復するのではないかと専門家も楽観視していた節がある。社会が産業化し、近代的な法体系が実現すれば、ジェンダー平等も進展するはずだと前提していたなら、タイムラグがあまりに大きすぎた理由も説明されるべきだろう。近代化という波の影響が家族の領域においてもいずれは遍く世界に届くとしても、遅すぎる変化の理由を探りたい。

なぜなら、日本に比べて産業化が進展していない社会の多くで、すでにジェンダー平等が進展しているからだ。発展途上という捉えかたは、ジェンダーを交えると奇妙な社会区分になる。日本が経済先進国になったといわれても、男性と女性では、個人が手にしている経済力が決定的に状況が違う点は忘れられがちだ。「令和4年賃金構造基本統計調査」によれば、常用労働者だけで比較しても、大卒女性は高卒男性とほぼ同じ賃金である。海外に出向く機会の多い研究者や企業の幹部は、否応なしに現状の特異さに気づいているはずだ。

つまり、産業の発達とジェンダー平等のあいだにはどうやら関係があるとは限らない。1985年に男女雇用機会均等法ができてから37年。当時学生であった女性たちがもうじき定年を迎えようとしている現在、さすがにうんざりしている人は私を含めて多いだろう。

本書の日本社会の特異性に着目するという立場は、日本社会を特殊なものと認識して肯定や否定をするものではない。日本型福祉や日本型資本主義といった「日本型」が冠された日本特殊論を蒸し返すつもりもない。これまでのように、産業構造に日本型近代家族がぴったりと寄り添うという説明のしかたでは、相互に因果関係を循環させてしまう。日本型近代家族とは明治期に発明された家制度と連続的なもので、直系家族規範が核家族化した現在も生きているとみなされる（上野1996）。その家族規範とはどんなものか。規範はまた英語でnormでありnormalの名詞にすぎない。これもまた、漢字が与える印象とは違い、英語的には単に標準的だという含意ともなる。つまり、制度としての「家」感覚が標準となったまま持続しているという解釈になろう。現代家族においては、「家」の継承意識と近代家族意識は矛盾なく並存しているともいわれる（米村2014）。

では、現代日本家族に並存している二つの意識は、具体的にどんな内容を伴って具現化しているのだろうか。私たちはこの意識のありようを、つかもうとしている。家族像は常に揺れ動くもので、型として提示してもすぐ変異してしまう。特殊ではなく普遍の文脈に置きながら、特異性を語ろうとする試みは、変容の速度の違いを重視しているだけで、近代化の伝播を軽視する特殊論とはかなり違うものとなるはずだ。

家族の意識のありようとは、人々が与える意味と価値づけそのものである。この領域は、社会の他領域とどのように絡むだろうか。繰り返しておこう。家族という領域を理解することで、ようやく社会の他領域を理解することができる。家族の現実と変容のゆくえを直視しようとせずに、幻想の家族にとらわれて社会を語り続けていては、未来社会は捉えそこなう。現実の家族に光をあててこそ、私たちは未来に向けて力強く理想を言葉にすることができる。

＊1　昭和8年の「東京市調査」によると、尋常小学校高学年の子どものいる家族。
＊2　一般に父・母・子成員のみから構成される核家族に対して、ほかの成員を含む場合に拡大家族と定義される。

1

家族像の輪郭
生活時間の変化から

品田知美

生活時間を比較するために

家族像をつくるには様々な日常生活の断片を拾い再構成する必要がある。そのためには、ピースをはめ込むフレームがほしい。そこでこの章では、家族生活の輪郭を時間配分から描いておこう。生活時間調査は日本でも昭和の初期からなされており、世界中で似たような方式で調査が行われてきた。24時間の行動を日記のように書いてもらう方式が主流だ。細かい方法には多少違いがあっても、人間の行動を分類して記録する伝統ある方法なので、時代や国を超えた比較をするにあたって参考になる。生活時間データは、「生活様式のかなりの領域をカバーする資料」（矢野編１９９５）である。

ただし、生活時間データを比較に用いる際には、いくつか気をつけなくてはならない点がある。第一に、行動の分類が同じになっているかどうか。例えば、１９７６年から日本政府が行っている社会生活基本調査では、ペットの世話などが趣味に分類されてきたが、イギリスでは家事である。分類にも社会の価値観が反映されているのである。日本の調査は国際比較しにくい設計で始められている。あらかじめ行動分類が決まっている調査票Aに加えて、2001年から調査後に行動を分類するB票による調査が追加されたことで、国際比較がしやすくなったとはいえ、複雑な仕様となり研究者への公開もハードルが高く利用しにくい環境が続いている。

第二に、平均値で比較することで起きてしまう解釈の難しさ。人々の時間配分が変化したときに、その要因がなんであるのかを丁寧に調べないと、思い込みから間違えてしまうことがある。例えば、「家電製品の登場によって主婦の家事が減った」という誰もが信じてきた物語を検証したところ、日本ではほとんど減っていなかった（品田2007）。家事と技術革新の関係の複雑さは、R・S・コーワン（2010）でも述べられているように、技術が導入されれば家事が減るといった単純なものではない。どちらかというと家事の水準が上昇するときに、人は耐久消費財を購入すると考えた方が真実に近い。実際、高度成長期に似たような生活をしている団地で比較しても、耐久消費財の所有は主婦の家事・育児時間を減らしていなかったこともわかっている（渡邊ほか編2019）。それでも「主婦は家電製品によって暇になった」と当事者も含めて多くの人が信じてきた。

過去の研究から、家電製品よりも人々の家事時間に影響することが知られているのは、性別、就業状況や家族構成、そしてライフステージである。特に女性は結婚により仕事が減って家事が増え、子どもが生まれると育児が急増する。その後子どもが中学生ぐらいになると家事が減り、仕事中心の生活に移行する(品田1996)。つまり、変化を捉えようとするなら同じようなライフステージの家族で比較することが非常に重要なのである。特に、日本では非婚で子どもを持たない人が増えて少子高齢化している。そのときすべての女性の家事時間を平均して比較すると、子育て中の家族の生活実態とはかけ離れてしまう。以下ではこういった生活時間データの特性に留意しながら比較をしてみよう。

男女雇用機会均等法は時間配分を変えたか

女性たちにとって、男女雇用機会均等法は人生の選択肢を増やした。制約は残っているが、少なくとも表向きは企業に門前払いされることが少なくなったからである。1986年は均等法が施行された年だ。この均等法元年に、末の子が6歳から17歳の妻と夫の生活時間配分を図1－1に、図1－2に30年後にあたる2016年の時間配分を示した。24時間は1440分にあたる。

図から受ける最初の印象は、その変化の緩慢さではないだろうか。十年一日といった

［図1-1］

生活時間の配分（1日あたり、分）
1986

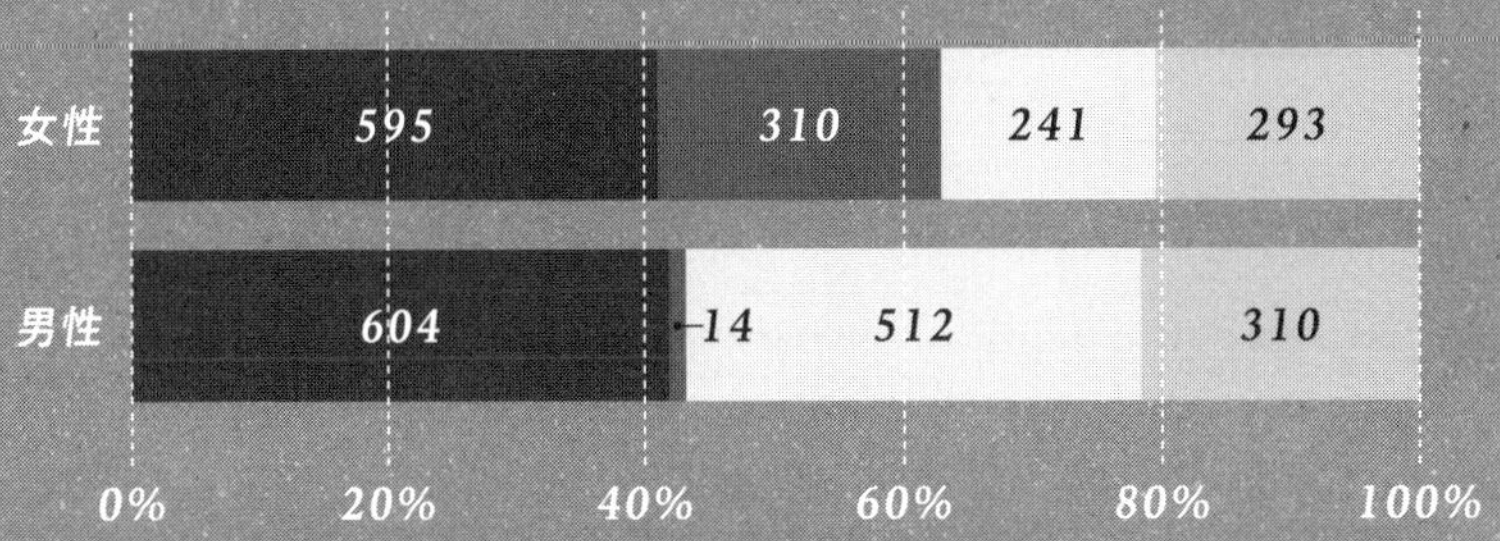

［図1-2］

生活時間の配分（1日あたり、分）
2016

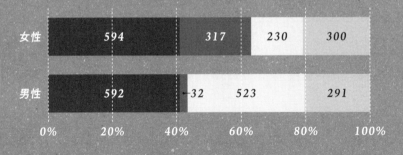

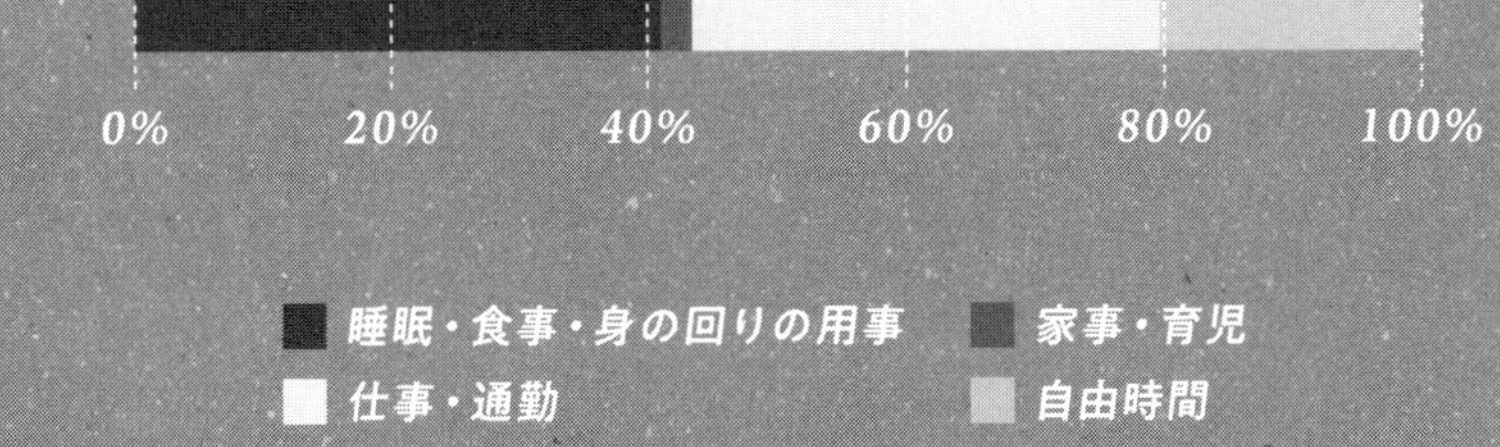

出典：昭和61年、平成28年社会生活基本調査報告より作成
＊末子が6歳から17歳の世帯週全体（ひとり親は含まない）

言葉が思い浮かぶ。生活時間は社会ごとの平均値が変化しにくい固いデータで、平常時の人の日常には変革が起きにくいとされているがその通りだ。男女雇用機会均等法という法的環境の変化が意識面で社会にもたらした印象からするなら、いかにもささやかな変化であろう。

確かに男性の家事・育児時間は14分から32分へと2倍以上になっている。当事者の男性からすれば、かなりの変化だろう。それでも時間が過少な状況に変わりない。その分男性が減らしたのは、自由時間と睡眠・食事・身の回りの用事などの生理的必需時間である。いまでは生理的必需時間は女性のほうがわずかに多い。自由時間も女性の方が9分だが長くなり逆転した。自由時間や睡眠時間の長さは不平等を見る際の一つのポイントなので、その点からは均等法以後30年を経て、家族内生活時間配分の男女平等は進んだといえよう。

ところが、家事・育児と仕事・通勤の配分の偏りの不平等性は変わらない。均等法とは仕事という領域での平等性を促す目的で導入されたはずであるのに、なんと女性の仕事への配分時間は11分減り、家事・育児時間は7分増えているではないか。しかも、男性の仕事・通勤時間は11分増えている。2人合わせると家事・育児は25分増え、仕事・通勤は変わらなかったことになる。家事・育児と仕事・通勤は2次活動といって、義務的な領域と解釈するのが通例だ。子どもが学校に通う年齢の親たちは30年間で義務的な時間を増やし、忙しくなったといえる。いったいどういうことなのだろう。

女性が社会進出をして共働きが増えたという世間に行き渡っている感覚からすると、データの方が間違っているのではと思いたくもなる。全般に回収率が下がっているなかで、多忙な共働き女性が調査に回答しなくなったという可能性は確かにあるが、多忙な女性こそ生活時間調査の意義を理解して回答してくれるという経験も体感的には知っている。ここは素直に変化を理解しておきたい。

一つの解釈としては、結婚しない、子どもを持たない、ひとり親の女性が増えているため、夫がいる子持ち女性は、仕事中心の生活をしていない人に限られてきた、という側面がありうる。均等法には、「女性労働者にあつては、母性を尊重されつつ、充実した職業生活を営むことができるようにすることをその基本的理念とする」と書かれている。この理念に照らすなら、子どものいる女性はあらかじめ想定されていた対象であるはずなのだが。子育て中の親たちは男女雇用機会均等法によって、大きく生活時間配分を変えることはなかったといえる。

家事・育児・仕事時間のトレンド

30年の変化が緩慢だったとしても、直近10年のやや若い世代に限った傾向であればなにか予兆が現れているかもしれない。平成の終わりの10年間にあたる、直近2006年から2016年にかけて、義務的な時間変化のトレンドを、末子が小学生の親に限定して比較したのが図1－3、4、5である。[*1] ここでは、コロナ禍以前の日常における時間配分比較のため直近の調査結果でなく、平成28年（2016）を用いた。また、図1－1や図1－2と違い、仕事時間には通勤・通学は含まれていない。

このように、家事・育児を分けて比較すると変化の傾向が異なっていることがわかる。女性の育児は増えているが、その他の家事は減っているようだ。また、残念ながら直近の5年では男性の家事は減っていた。男性はいまだ仕事時間を増加させている。女性の仕事時間は注意深く見ると、2006年から2011年にかけてやや減ったあと、反転して2016年にかけて急増している。子育てをしながら働くというトレンドが、2011年以後のどこかで優勢になっていったのではないか。

［図1-3］

家事時間の変化 2006-2016

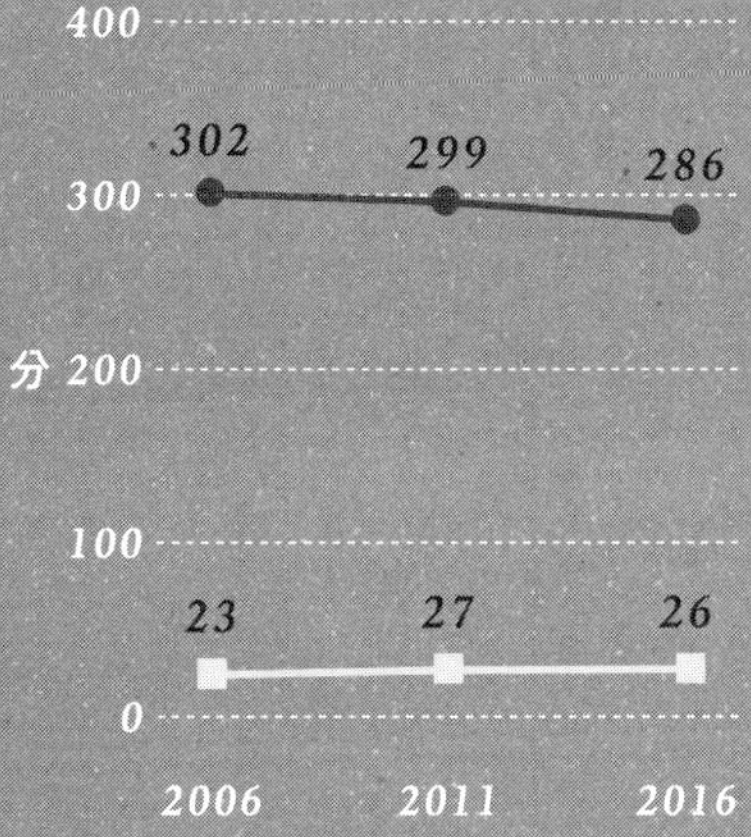

［図1-4］

育児時間の変化 2006-2016

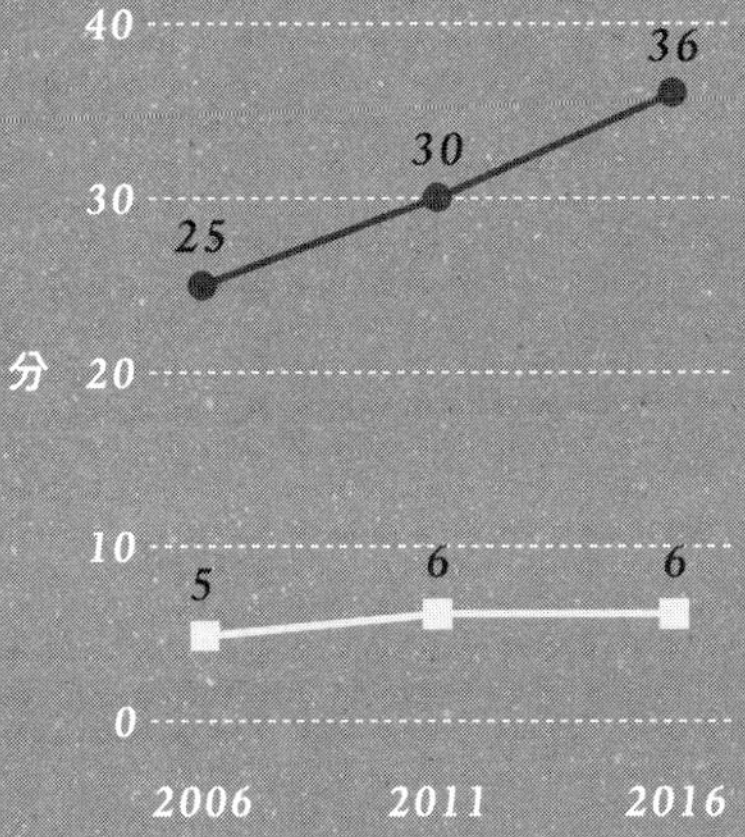

［図1-5］

仕事時間の変化 2006-2016

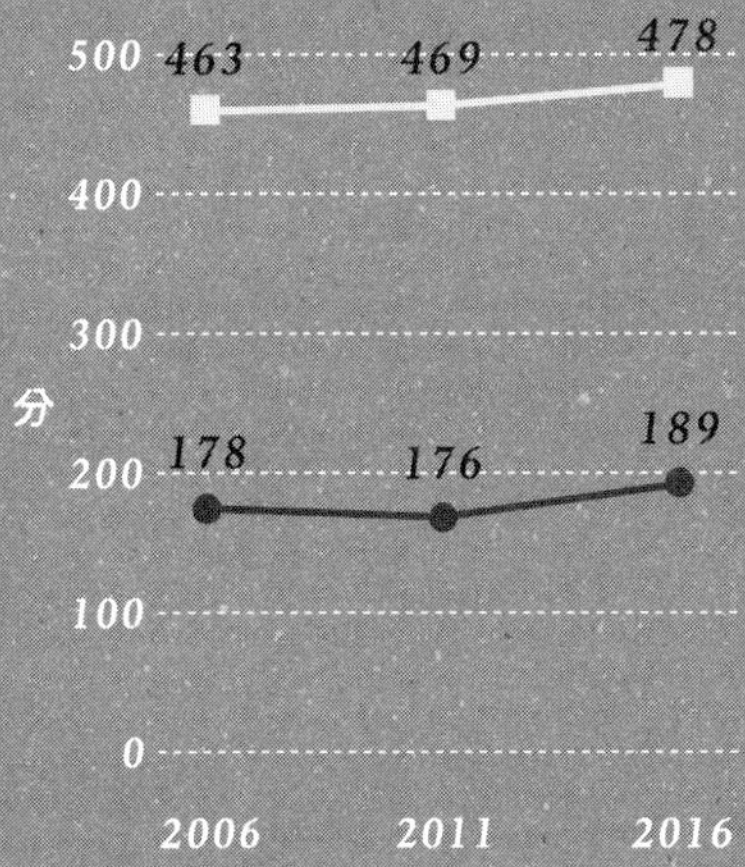

出典：社会生活基本調査報告各年版より作成
＊末子小学生の世帯週全体、ひとり親は含まない

政府のみならず、経済界、労働界、地方の代表者が結集して「仕事と生活の調和（ワーク・ライフ・バランス）憲章」を高らかに謳い上げたのが2007年。女性は仕事へと確かに参入をしていったが、男性も含めて生活バランスが取れているとは言い難い。男性にとってこの10年とは、さらなる長時間労働の進展であり、この点で憲章は絵に描いた餅に終わっている。

男性の仕事時間478分というと実感が湧きにくいが、じつに1週間に平均で55時間を上回る働き方となる。週休2日の企業であれば、1日あたり11時間労働となる。すべての人が1日3時間を毎日残業するような状態だ。筆者は生活時間調査データの分析を始めた当初に、こんなに長いなんて何かの間違いではないかと思い入念に確認をしていた。しかし、社会生活基本調査以外に、自ら調査票設計から行った調査結果や共同研究者による確認、他の傍証となる調査などあらゆる結果が一致しており、今では事実だと確信している。

いっぽう女性の仕事時間は週5日働くとするなら、1日あたりで4時間半ほどとなる。この時間の解釈には少し注意が必要で、フルタイムで長時間働いている人と、パートタイムの人ではかなり生活時間配分に差があるので平均すると中途半端な数値になる。もっとも、小学生の子どもがいる女性にはパートタイマーが多いことから、その現状をおおおむね反映しているといえよう。

この10年の傾向をまとめると、末子が小学生の親たちは、女性が11分男性が15分仕事を増やしており、家事と育児を合わせた無償労働は女性が327分から322分へと微減で、男性は28分から32分へと微増している。

労働時間の国際比較

1972年に松山で行われた稀少な調査から、国際比較からみた日本人の労働時間について指摘されている特徴をまず示しておこう（経済企画庁1975）。第一に、仕事といわれる支払われる労働、すなわち有償労働（paid work）については、有職者だけで比較すると労働時間が長いとされている。その理由は平日にあるのではなく、休日との差がなく自営業的な働き方をしている人が多いからと説明されている。第二に、家事という支払われない労働、すなわち無償労働（unpaid work）については男女ともに短いとされている。

40年後も国際的にみてこの有償労働が長く無償労働が短いという特徴の双方を図1－6でも確認することができる。内閣府が2020年に「男女共同参画白書」で新たに付け加えた重要な視点は、「男女とも有償・無償をあわせた総労働時間が長く、時間的にはすでに限界まで『労働』している」という点であろう。これまで二つの労働をあわせた総労働で比較する視点を筆者も重視してきた。韓国が日本ととても似た時間配分であるように中国にも同様の傾向がみられ、これは東アジア的時間配分とされる（品田2016）。しかもこの比較には長期休暇の違いが反映されていない。生活時間調査は平常期での比較を原則としているため、有給休暇取得率や長期休暇の取得実態を加味した比較になると、差はさらに拡大するはずだ。

1970年代から指摘されている第三の特徴は、性差が大きい点である。当時から男性の家事時間は対象国中で最も短かったが、いまも順位的には最低のままである。家事時間は世界中で男性の方が短いのは確かであるが、OECD全体で女性／男性の時間比率は2倍をやや下回る程度だ。いっぽう日本は5倍を上回るほど差が激しい。この極端な性差ほどに有償労働には差がみられない。結果として総労働でみると最も長時間働いているのは日本女性となる。この傾向も今にはじまったわけではなく以前から指摘されている（矢野編1995）。私は真の働きバチとは日本女性であると常々主張している。また、1985年から2016年にかけて、東アジア4ケ国と西洋の12ケ国の生活時間について比較した大規模な研究によれば、男性の労働時間が最も長いのは日本で、性差が最大

［図1-6］

労働時間の国際比較

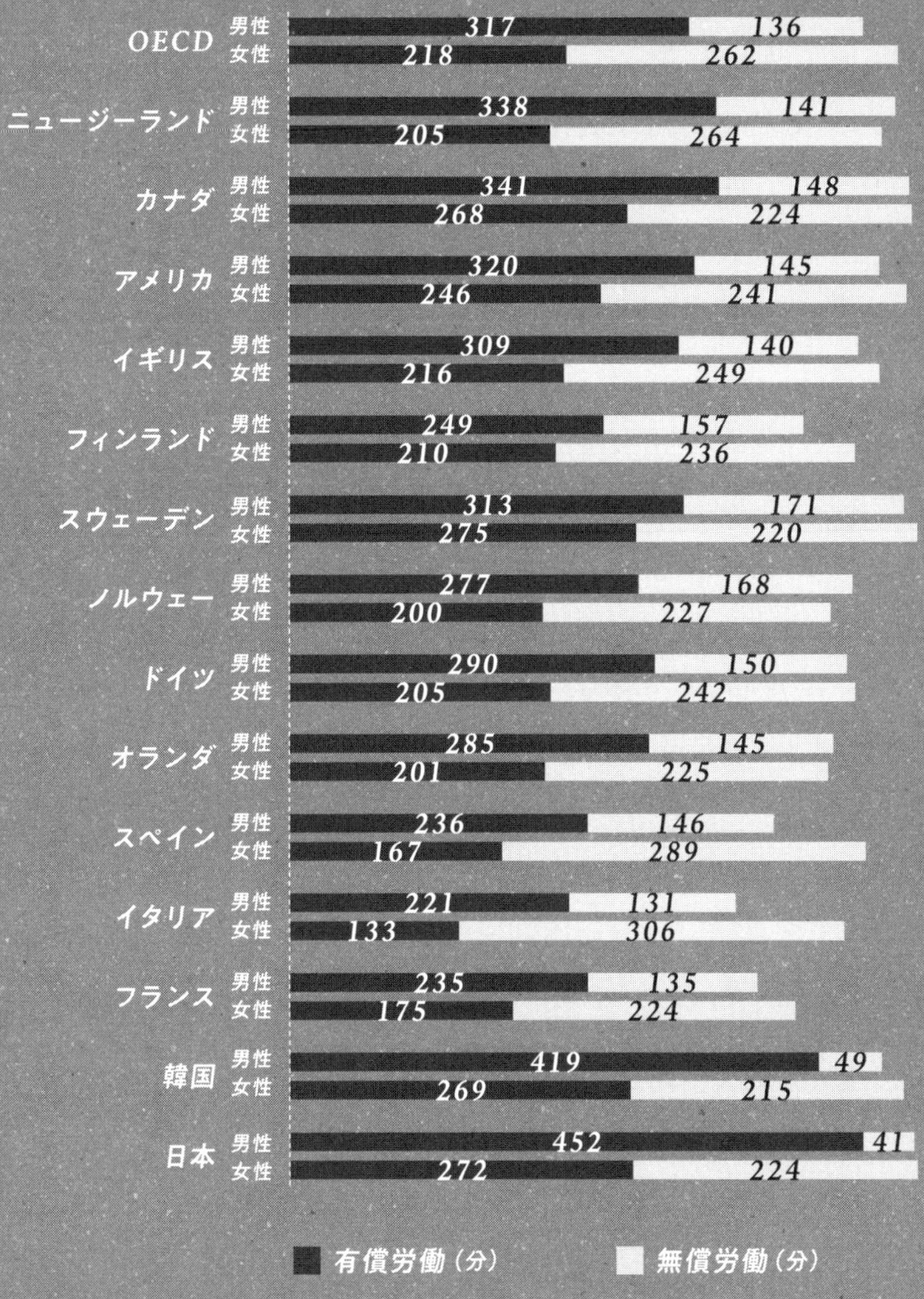

出典：令和2年版男女共同参画白書からの引用
＊15-64歳、2008-2018年の間に実施された調査、無償労働にはボランティア活動や世帯外のケアを含む

なのも日本である。さらに日本および韓国はこの期間で性差の縮小が極端に遅かったと指摘されている（Kan et al. 2022）。

図1－6で注目したいのは、日本女性よりも男性の有償労働時間が短い国が何ヶ国もあるという点だ。スペイン、イタリア、フランスのラテン系諸国に加えて北欧ではフィンランドがそうである。日本女性は家事のほとんどを担いながら、ラテン系諸国の男性以上に仕事に出ているのである。アメリカやイギリスなどのアングロサクソン系諸国は一般に労働時間が長いとされてきたが、日本男性の足元にも及ばない。[*2] OECD全体男性との日本男性との差を週休2日で計算すると差は平日1日あたり189分。毎日3時間以上も家に帰る時間が違う。日本男性がしている残業時間が、他国ではそっくりなくなるという違いは極めて大きい。

ところで、図1－6による比較は仕事の有無や婚姻関係などを区別せずに、すべての労働生産年齢にある男女を総平均した数値である。家族形態別のデータでの国際比較が難しい環境のもと、ミクロデータを用い2000年頃の日本、イギリス、オランダの生活時間を比較した研究によると、末子が17歳以下の子どもと同居している核家族の女性の家事時間は、日本が382分で最も長く、イギリスは280分、オランダは294分であった（品田2007）。この家事時間を図1－6のすべての女性の平均と比較すると、日本以外の2ケ国は1時間から1時間半程度多くなるのに対し、日本女性は2時間近く多い。ここから日本人女性は「家事をやりすぎている」という大いなる誤解が生まれる。そうではない。無償労働が結婚した女性に集中していることがもたらす増加分なのである。つまり、OECD諸国全体と比べて女性の家事時間が少ないのは、主に結婚をしない女性がもたらしている差異である。ちなみに1972年調査の国際比較においても「有職未婚女性の家事時間が最も短い」と特徴が説明されている(経済企画庁編1975)。

とりわけ子どものいる女性は有業でも家事時間が長いため、労働を終えた後にもう一つの労働としての家事・育児を行ういわゆるセカンドシフトの状態にある。全体の平均値からの見えかたと、特定の集団からの見えかたはこのように一致しない。日本人全体で比較すると家事時間が短い傾向がある、といっても子持ち女性に限定するなら、日本では女性の家事時間が長くなる、という事実を区別して議論する必要がある。

なぜ日本人の仕事時間は長いのか

「働きバチ」や「ワーカホリック」にとどまらず、いまではKaroshi(過労死)というアルファベット単語をもって、日本人の長時間労働がもたらす負の側面が世界で知られるようになった。仕事時間をめぐっては多数の研究が蓄積されている。時に男性の家事時間が短いのは仕事時間が長いからだ、という説明がなされ、個人にできることの限界が語られる。この説明は個人に与えられた24時間の配分という行為を、因果関係として語っているという点で、奇妙である。仕事時間は固定的であって、家事時間は柔軟に定められるという暗黙の前提が置かれていなければこの説明は機能しないからだ。子育てをしている親からみれば、むしろ逆に家事・育児時間が固定的であると実感されるのではないか。

それにしても、なぜ男性の仕事時間はかくも長いままであり、それを可能にする制度が持続しているのか。例えば一向に減らない仕事時間について、小野浩（2016）は報酬・評価制度などを取り入れた経済学的アプローチの限界を指摘し、「長時間労働問題の本質は、観察と計測が困難な社会規範や雇用慣行に埋め込まれたもっとややこしいところにある」と社会学的考察の重要性を説く。本書もその埋め込み具合を家族生活の方から考える試みの一つである。とはいえ仕事時間が長い理由を、まずは制度上の仕組みから確認しておくのも重要だろう。

例えば日本には法制度上残業時間の上限がなかった。働き方改革関連法が2019年から施行され上限が定められたが、これがどれほどの効果をもたらすのか、２０２１年以降の生活時間調査で検証されることになろう。しかし、もともと日本では不払い残業が無視できないほど長い（水野谷２００５）。そうなると正規に把握された労働時間でなされる法規制で減らせる可能性は低いのではないか。しかも、１日２〜３時間程度の残業命令は、最新の法規制にも引っかかることなく企業が出すことができる。さらには多くの抜け道があり、その一つが裁量労働制である。この法律が現状にさほど大きい影響を与えると期待するのは早計だと思われる。

日本の労働基準法によると、残業代の割増賃金については、２０２３年から中小企業も含めて50％以上となるが、月60時間以上を超えた時間のみに過ぎず、そこまでは25％の割り増しでよい。ちなみにアメリカにはＥＵのような時間規制はないかわりに、公正労働基準法で週40時間を超えて働く際には、５割増賃金を支払うという賃金規定がある。図１－６で有償労働時間データをみると、アメリカの方がＯＥＣＤ全体を上回って男性も女性も仕事をしているが、いずれも日本ほど多いわけではない。

賞与の多い日本の給与体系では、基本給から算定される残業代は低めに抑えられている。残業は経営者からみれば、大幅な割引賃金であって、人を雇うより安く上がることから、経済合理的な企業にとって「割に合う」のであって、残業をさせないと「損」になり、判例からも従業員が残業を拒否できないという仕組みであるという（久本2006）。時間外労働規制も甘いまま、割増賃金制も十分でないという制度のもとで、労働者が長時間労働を続けているのは確かなようだ。

それにしても、このような制度が長期にわたり続いているのはなぜだろう。経営者に都合の良い制度になっていることから、資本主義というシステムそのものや新自由主義といった思想が俎上に載せられることもあるが、アメリカから北欧諸国まであらゆる制度のもとにある国々の労働時間配分はそこまで大きく違わない。どの国でも企業は雇用者を安価に使おうとするものだ。なんらかの政策をもってブレーキをかける動きが生じるからこそ、さほどひどい状況にはならないのであろう。日本と韓国の長時間労働実態はどう見ても異様な外れ方をしている。

現代の労働／生活時間問題に歴史の影を色濃くみている斎藤修（2006）によれば、徳川日本において農民の時間と商家の時間という二つの観念があり、前者が自営業の時間、後者が会社の時間に変容していったのではないかという。商家の時間規律は大変に厳しかったようで、働くものたちが「時間は無条件に個人に属するものではない」という観念を持っていた。農民の時間の特徴は、「夫婦協働で、かつ家業の労働需要の変動には妻が弾力的に対応していた」ことで、家事はしばしば切り詰められていたのではないかとも推察されている。確かに戦後農家で兼業が増え仕事がパートタイムの賃労働に置き換わった後も、家事労働と仕事のトレードオフが起きていた事実が確認されている（熊谷1998）。

斎藤は農家と商家を分けて考察しているが、家制度という観点から両者を統合して時間が個人に属していないと解釈することもできよう。会社という組織が近代的組織へと変貌していったとき、家的な観念が残存した可能性もある。組織への従属が要請されるという点を、濱口桂一郎によるメンバーシップ型の日本的働き方に対するジョブ型の欧米的働き方という区分に結びつけて考えることもできる（濱口2015）。メンバーシップ型の弱点は、個人が複数の集団に属しその集団の目的や価値が違う状態が想定されていないことだと思う。つまり、家族と企業の二つの集団が異なる価値のもとにあるとき、個人が同時に属すという状態は想定外となる。それに対してジョブ型ではやる仕事の内容が決められていることから、無限定な働き方は存在しにくくなり、個人が複数の領域を持つ上での支障が少なくてすむ。濱口によれば、欧米がジョブ型社会であったことが、欧米社会の労働における男女平等に寄与したとされる。

時間が貧困である家族

貧困という言葉を聞くと、つい金銭のことだけを想像してしまうのではないだろうか。もう一つの貧困として、時間の貧困（Time poverty またはTime poor）という概念がある。もとより、M・ウェーバーも黎明期資本主義の象徴としてとりあげているベンジャミン・フランクリンの言葉「時は金なり」（ウェーバー1989）をそのまま受け止めるなら、時間の貧しさと金銭の貧しさは同義ともいえる。

ひらたくいえば、料理の時間を節約するためにお惣菜を買って帰りたくても、お財布を考えて節約のために躊躇し、素材から料理して自分の時間を無償で使うとき、「時は金なり」を実感する。自ら稼ぐことのない食べ盛りの子どもがいる家族は、わずかな惣菜を買ったところでお腹を満たすことができないという点がしばしば見過ごされているのではないか。無償労働時間投入で節約できる金銭は子持ち世帯にとって生命維持に必要な行いなのである。保育園児の親を対象としたインタビュー調査によると、世帯収入が高い層は調理済み食品を購入して時間を節約しているのに対し、低い層にはそのような選択肢がなかった（額賀・藤田２０２２）。

こういった現実を見ずに料理などしなくとも惣菜を購入すればよい、という主張は暴論である。それにもともと惣菜を購入している層は家族のために食事をつくる主婦が中心ではないことがわかっている（品田編２０１５）。枕言葉のように共働きや女性の社会進出と結びつけられがちな食の外部化は、男性おひとり様を中心とした、主に子持ちでない人々の間で起きていると考えておいたほうがいい。

ところが、時間の貧困について日本では関心が薄いうえに、人々の置かれた状況がまるで欧米と違う。欧米では金銭的に貧しいひとは時間的には豊かで、失業しているなど仕事時間が短すぎるひとと多忙で金銭的に豊かなひととの二極化（Time Divide）が問題視されてきたのに対し（Sullivan & Gershuny2004）、日本では逆の傾向が指摘されている（品田２０１６）。失業率の高い欧米では、労働時間短縮とは失業者を減らすためのワークシェアリングの側面があるため、ひとりの人が長時間労働で働く状況をつくるより、雇用されるひとを増やすよう社会の圧力がかかるのだ。

いっぽう、日本では金銭が貧困なひとは同時に時間の貧困にさらされている。いわゆる「貧乏暇なし」状態なのである。この問題は十分に研究されていない。実際に家族形態別で見ると、女性のひとり親は家事と仕事時間を合わせて長時間働いているのに、等価所得で見ると極端に低い（Shinada2011a）。付け加えるなら、等価所得はさほど低くはなくとも、子どものいる人だけで比較すると三世代同居をしている女性の総労働時間は最も長い514分である。それに対して男性は402分と短くなる。三世代同居は女性を楽にするわけではなく、かつての家制度がそうであったように、女性を長時間労働させている。

時間や金銭の両面から貧困である家族はどういう人たちなのかを考えるため、「社会生活基本調査」の匿名ミクロデータを用いた分析結果を紹介しておこう（Shinada2011b）。2001年に実施されたもので、核家族で夫と妻双方のデータが揃っており10歳未満の子どものいる世帯は499ケースである。「社会生活基本調査」は世帯員全員がサンプリング対象者となるため、世帯単位で分析できるメリットがある。そこで、世帯年収を折れ線で、夫と妻の無償労働と有償労働時間を積み上げグラフにしてみた。時間の貧困ではこの二つの労働を義務的な行動と捉え、目的に応じて焦点の当て方を変えるので、双方に目配りするためである。

まず、妻の就業状態別にみたものが図1－7である。予想されるように、家族として総時間が貧困となりやすいのは、妻が正規雇用者の場合である。けれども、世帯の総労働からみた時間差は、非正規雇用に比べて50分程度しか変わらない。妻の時間差があっ

［図1-7］

夫と妻の労働時間と世帯収入
妻の就業状態別 2001

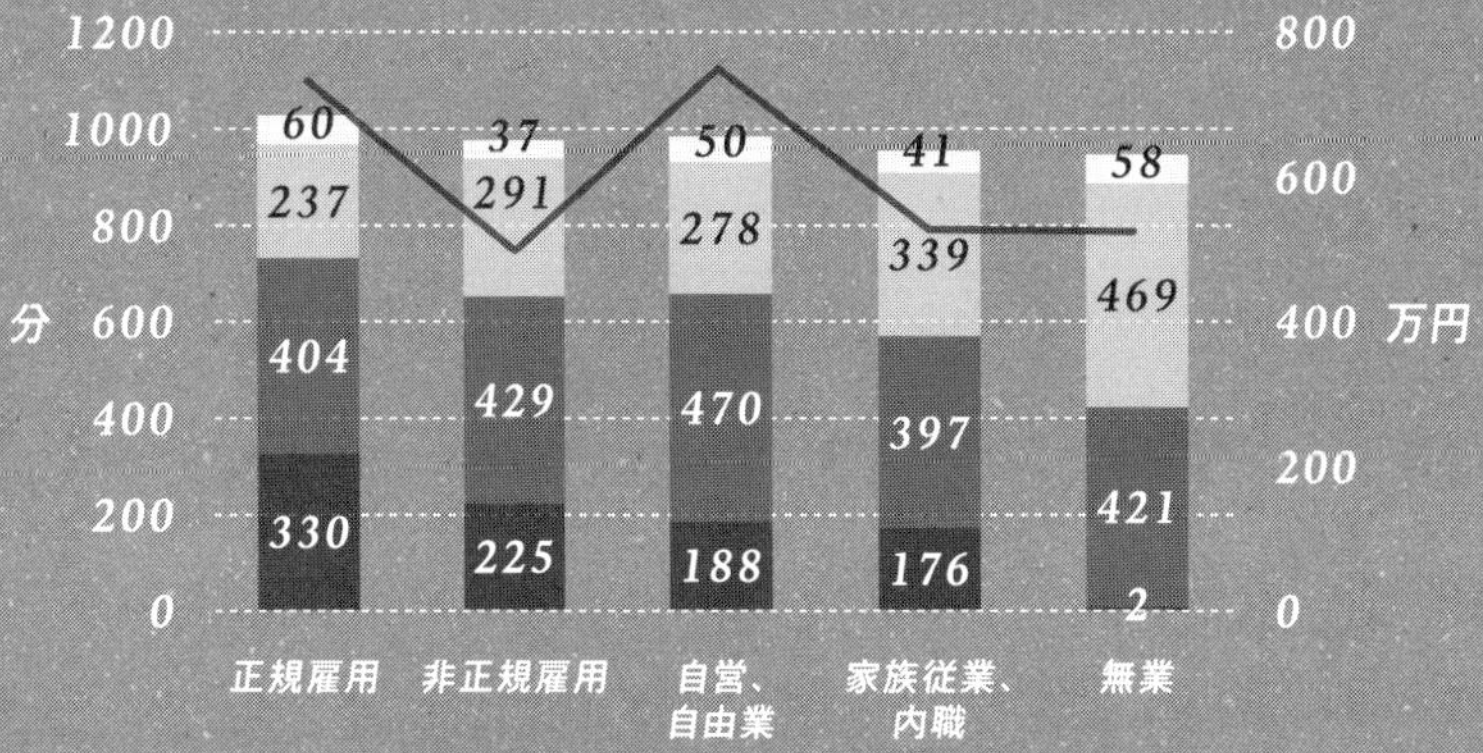

［図1-8］

夫と妻の労働時間と世帯収入
夫の職業別 2001

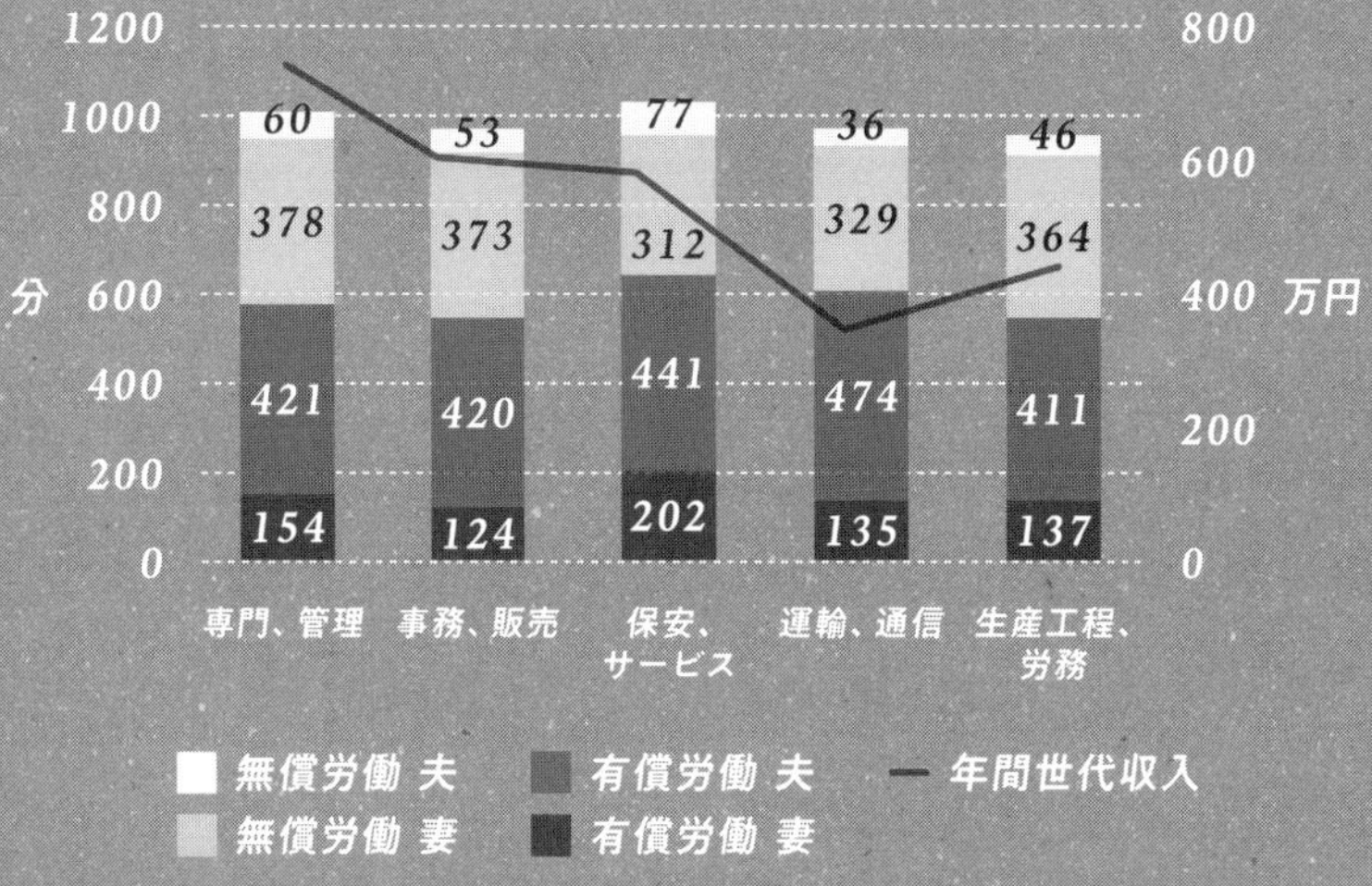

出典：(Shinada2011b) より引用
＊週全体1日あたり

ても夫の労働時間が少ないからだ。それなのに、年収には200万円以上の差がもたらされる。妻が非正規雇用されているとき、無業の世帯よりも年収が低く、総労働に見合った収入が得られていない。この層は4人に1人にのぼり、正規雇用者世帯よりも多かった。

次に、夫の職業別にみるとどうか（図1－8）。総労働時間は生産工程・労務で958分から保安・サービスの1032分の間に収まっていて差はさほど大きいとはいえないが、収入には大きい開きがある。運輸・通信業は専門・管理職の半分の年収にしか届かないのに、有償労働時間は男性で最長で、専門管理職より50分以上も多い。長時間労働の常態化と人手不足の悪循環にさらされている運輸業界であるが、世帯水準でみると過酷さが歴然とする。また、妻が最も長く仕事をしている夫の職業は、保安・サービス職であるが、夫の有償労働も長いため、世帯の総労働時間は最長で時間圧力[*3]（Time pressure）が最も高いとみられる。

就業や職業による時間と年収における差異の背景には学歴がある。図は割愛するが、教育年数ごとに比較すると、世帯年収は夫が大卒の場合720万円ほどで、中卒とは2倍程度の差があり高卒とも200万円以上差がある。その差は妻の教育年数別で見るとさらに明確で、中卒だと2・5倍、高卒だと300万円以上と拡大する。婚姻には学歴階層内で閉じていく傾向が知られているように、妻の学歴が高いと夫の学歴も高く、世帯の年収を押し上げるのである。

ところで、教育年数は総労働も増やしているが、内訳は夫と妻によってやや様相が異なる。夫の教育年数が長いとき妻の無償労働は最長で1日6時間44分におよび、夫が高卒の妻よりも1時間ほど長い。ただし、妻の教育年数別に見ると、高卒に比べて20分ほどしか長くなっておらず、短大卒妻の家事時間が最も長く6時間26分である。妻が家事をする当事者なのに、夫の学歴の方が妻の家事時間との関連性が明瞭なのだ。どういうことか。おそらく夫の学歴が世帯の階層を規定し、それに見合う生活様式の維持のために家事が求められている状態と解釈できる。教育年数が長いほうが夫は家事をするが、妻は家事を減らせず仕事もするのでこの組み合わせの世帯は時間の貧困に陥りやすい。このように、階層に応じた生活様式の水準維持に関連して、無償労働の時間に差異が生じる傾向（品田2007）が知られているが、学歴を階層とみなすならば、平成時代にも格差が持続したとみられる。

また、大都市（100万人以上）とそれ以外の居住地域別で比較をしたところ、大都市では世帯全体で有償労働が短いにもかかわらず、収入は平均で100万円以上も多い。大都市の方が夫は有償労働は長くなるが、妻は55分ほど短くなりその分無償労働が1時間以上も長い。ちなみに、通勤時間については女性は大都市以外の方が長く、男性は20分ほど大都市の方が長い。ちょうどその差は仕事時間の差で相殺される。どちらかといえば、仕事で忙しいのは地方の女性なのである。通勤時間を含めて考えるなら、男性には居住地域における仕事関連時間の差がなく、無償労働は大都市に住むよりもむしろ少なくなる。

日常生活の質を維持する無償労働の重みを考えた時、二つの義務的な活動としての労働を区別して考える必要性が生じる。質の高い生活水準を維持するためには、それなりに無償労働を投入しなければ保てるはずもない。宿泊施設の質をイメージすれば分かることだ。よく不思議に思うのだが、交通機関や公共施設などの住居の外で潔癖なほど清潔感を要求する日本人が、それに見合うほどには、個人の生活空間を美しく保とうとするための熱意は感じられない。欧米において公的空間はさほどピカピカしてもいないけれど、私的空間はそれなりにきれいに保たれているように思う。つまり彼らの社会では住居内外の差がそこまで大きくないか、むしろ反転している。

もちろん、無償労働が長ければ質が高いとは限らないが、さきに述べたように夫と妻の無償労働は平均的に日本人はさほど多くもないので、世帯が必要とする無償労働が確保されるかどうかはダイレクトに生活の質を左右しているはずだ。2001年当時ひとり稼ぎ世帯はまだ半数近くを占めていた。専業主婦のいる世帯の年収は決して低くなく中位であり、おそらく相対的には金銭や時間においても豊かさを享受している家族であっただろう。

以上を踏まえるなら、妻が働いている世帯は時間的に貧困となるばかりでなく、非正規雇用世帯では収入も低いため、二つの側面からの貧困にさらされている。欧米では若年世代を中心にお金よりも時間を優先するライフスタイルというトレンドも出現しているが、日本でこの選択が可能な状況はないといえる。まさに家族が生活するため、時間の貧困を厭わずに稼ぎに出なければならないからだ。また、夫の学歴は妻の無償労働の時間を増やし、妻の学歴は自分の有償労働を増やすため、高学歴カップルの女性たちは金銭的には豊かであっても、二つの労働に追われるという意味で、時間的な貧困に陥りやすい。

現代家族の生活時間

生活時間の配分から見えてきた家族生活の現在をまとめておこう。

世帯の総労働という観点からみたとき、日本の子どものいる家族はとても忙しくゆとりがなさそうにみえる。男性は仕事に、女性は仕事と家事と育児に追われる。けれども、図1－6からわかるように総労働で比べると、福祉国家スウェーデンはほんの少し日本を下回るだけだ。もしも、彼らの暮らしの質が高そうにみえるとしたら、有償労働を減らし無償労働に振り向けていることから生まれた生活の質の違いではないか。女性が日本と同程度であるのに対し、男性もするので、スウェーデン人は2人世帯でみると1日あたり6時間半を無償労働に費やしている。ちなみにこの合計時間はOECD全体平均よりも短い。それに対して日本は男女合計で4時間半を下回る。図1－6では日本と韓国以外の国々で6時間を下回っている国はない。いかに日韓2ケ国が無償労働を減らして有償労働に傾注しているのかわかるだろう。

仮に世帯に男女2人の大人成員がいるとしよう。毎日2時間余計に家事・育児をする生活なら、住まいは常に快適に保たれ、美味しい食事を調えるに十分だろう。朝そそくさとコンビニに立ち寄ってコーヒーを買わなくても、お好みのコーヒー豆を挽いてから、ゆったり淹れて飲む暇があるかもしれない。家事とはすべて忌み嫌うものでもないはずだ。無償労働は自らを含む家族成員の日常生活において、水準上昇をもたらす行為でもあるからだ。

子育て中に家族生活の忙しさを実感するとしたら、家に戻ってもすぐに食べるものがないから買い物しなくてはとか、台所に食器や調理器具が散乱したままとか、家が散らかっていて気分が晴れないとか、子どもに手が回らないとか、そんな瞬間ではないだろうか。そんな些細な日常の生活問題を妻と夫が共有しているかどうかで、「忙しさ」の受け止め方は左右される。

近年、仕事へと女性が本格的に参入し始めても男性は家事・育児へとシフトすることはなかった。仕事と家事・育児に追われる女性は30年前にもいたけれども、仕事をする女性が増えたことで、少数派の悩みではなくなり、ようやく世間で認知されてきた。もともと極端に長かった仕事時間がさらに延びてしまうような社会で、子どものいる人が仕事をしながら家族生活を営むのは並大抵のことではない。この社会制度は企業にとって都合がよいかもしれないが、持続可能とは思えない。実質賃金が下がるなかで、誰もが目の前の暮らしを成り立たせるために精一杯である。子どもにはできることをしてやりたい、と習い事や塾に通わせ、学費を工面するために残業をしたり、パートに出る。現代日本家族の時間配分を見る限り家族生活にはゆとりが全くない。

また、時間に加えて金銭の側面を合わせて考えると、家族生活には階層性がある。実際、妻が非正規雇用の世帯は、時間の貧困に見合うほど金銭の豊かさが得られていない。

非正規雇用という働き方をしている女性の方がストレスが大きいといわれる（西村2009）。この状況は扶養の枠内で働くように低賃金状態に留め置かれる制度とも関連する。妻と夫双方が長時間労働の正社員になりようもない状態に置くことで、企業は残業を拒否できない無限定正社員と、低賃金パートタイマーの双方を手中に収めることができるのだ。けれども、組織に奪われている時間を個人が取り戻そうと格闘しない限り、組織の側から時間を手渡してくれることなど、この先もないだろう。

そして、家族生活は夫の職業に大きく影響を受けている。専門・管理のような職種に夫がついているとき、夫の有償労働は相対的に短くてすむうえ、妻も仕事に出て世帯収入を確保しやすい。そのような職業につく人は学歴が高く、大都市に住んでいる。生活時間の平均値の世界から作られる家族の輪郭としては、このような現実が描かれる。

妻が高学歴であるとき男性は有償労働をわずかに減らした上で無償労働を増やす。いっぽう、妻は有償労働と無償労働が同時に増加して時間の貧困状態に追いこまれがちだ。一般に高学歴女性の父の職業階層は高いので、当時の母親たちは専業主婦が大半で、享受していた生活様式の水準が高い場合が多い。つまり、育ちの過程で想定している家事・育児の水準がもともと高いために低下してしまうとストレスが溜まるだろう。理想の水準を維持しようとすると、高学歴女性は自分が仕事に出たとたんに、時間の貧困に陥ってしまう。現在の日本の賃金構造のもとでは、よほどの高収入がある人でもなければ、若年時に家事労働者に頼る外部化はしにくい状況にある。

妻の高学歴化と仕事への参入という流れのもと、夫の家事・育児への参加はメディアが幻想を振りまくほどには進展していない。どうにも変化しなかった夫の超長時間有償労働という壁が壊れない限り、子どもを育てる生活への移行障壁が高いことは明白だ。人間に与えられているのは万国共通で1日あたり24時間。家電製品やスーパーマーケットで買い物する代わり映えのない先進国の家族生活で、魔法でも使わない限りは家事・育児をしなければ暮らしが成り立たない。日本ではその認識が進まず、妻たちに向けて涙ぐましい家事の時短に取り組むためのアドバイスがメディアに溢れ続けている。そのいっぽうで、日常生活の質が高い暮らしで夢を売るインスタグラマーに憧れる人が増える。そろそろ現実を直視しよう。豊かさには金銭だけではなく、家事をする時間とそれを保障する制度が欠かせないのである。

注

＊1　女性のライフステージは末子年齢に左右される傾向が知られている。小学生がいても、未就学児がいる人はここでは除外されている点に注意。

＊2　ただし、日本よりも失業状態にある人が多い社会では、平均すると仕事時間が低めになる点には留意すべきだろう。

＊3　義務的な行為である労働時間が長いとき、ひとに配分されている24時間が圧迫される状況を表現する用語。

2

生活の充実感をもたらすものは何か

高橋幸

生活としての家事・育児

20世紀後半のジェンダー研究は、家事・育児を「労働」として正当に認めるよう社会に求めてきた。家事・育児は正当に支払われていない「無償労働（unpaid work）」であるとし、もし家事に正当な支払いがされた場合、どれくらいの金額になるのかという算出がマルクス主義フェミニズムの系譜を汲む経済学者によってなされてきた。人気を呼んだテレビドラマ『逃げるは恥だが役に立つ』（2016年放映、TBSテレビ）は主婦労働を年収換算して話題になったが、このような主婦の家事・育児を金額に換算する発想はここ50年間の研究蓄積の上に成り立っている（橋本2010）。

家事・育児を「労働」として捉えることはたしかに重要な意義がある。賃金労働が重視され、夫の仕事が家族生活の中で最も優先されるべきことがらとされてきた産業社会的な価値観のなかでは、家事・育児の「労働」としての価値も、金銭に換算して認めさせる必要があったのだろう。

だが、生活実感に照らし合わせて考えてみると、家事・育児を「労働」としてのみ捉えるのは偏っている。家事・育児は「自分がやらなければならない労働」の側面もあるが、同時に家事・育児をすることそのものが「生活すること」や「生きること」であるという側面もあるからだ。性別によらず誰もが家事・育児・介護と賃金労働の両方を生涯の中で行うようになっていく（と期待されている）。これからの家族生活を考えるためにも、労働としてだけでなく「生活（living）」としての家事・育児についても的確に分析できるような枠組みを用意していく必要がある。

そもそも、「労働／余暇《レジャー》」*1という区別は、第二次産業が主要産業だった時代の賃金労働を基準にしたもので、家族生活を分析する最適な概念とは言えない。「家事・育児は労働なのか、それとも趣味（余暇）なのか」という困った論争を引き起こす「労働／余暇」二元論を乗り越えるためにも、家事・育児を生活として捉える立場から議論を進めていこう。

それ自体が「目的」となる家族生活とは

さて、現代人に「あなたは何のために働いて（賃金労働をして）いますか？」と聞くと、半数以上の人が「お金を得るため」や「生活のため」と答えており、仕事それ自体を目的とする回答（例えば、「自分の生きがいのため」、「自分の能力を発揮するため」）や、社会的な意義に基づく回答（「社会の一員としての務めを果たすため」）は、いずれも2割以下にとどまっている。[*2] 多くの人にとって、賃金労働は「生活」のための「手段」となっており、生活はそれ自体が「目的」として想定されているということになる。

では、それ自体が（人生の）目的となるような「生活」、とくに「家族生活」とは一体何なのだろうか？　現代の人々は家族生活に一体何を見出しているのか。

社会意識の動向を見ると、「家族」に個人的《パーソナル》な価値を見出す人の割合は一貫して増えてきている。統計数理研究所の「日本人の国民性調査」（１９５３年～）によれば「あなたにとって一番大切と思うものはなんですか」という質問に対して、１９５８年時に「家族」を挙げる人は12％にすぎず、多かったのは「生命・健康・自分」（22％）や「愛情・精神」（16％）、「金・財産」（15％）だったが、その後「家族」と答える人の割合が増え続け、２００８年には46％と圧倒的首位になっている。[*3]

よく知られているように、いっぽうで「必ずしも結婚する必要はない」と考える人の割合は１９９０年代から増えており（ＮＨＫ放送文化研究所２０１５）、独身のまま生きる人の割合も増えている。[*4] だがこれと同時に、あくまでも他者には強要しない個人的な価値観として家族を重視する傾向も強まっているというのが、２０００年頃から顕著になった社会意識の動向である。つまり、現代において家族生活は全員が追求すべき「普遍的な価値」や「普遍的な人生の目的」ではなくなってきているが、それでもなお家族生活はある固有の価値を持っており、ときにそれは人生の目的になるようなものとしてある。

そうであるとすれば、ここで問うべきは、現代人が家族生活に見出している価値とは何であり、それを人々はどう経験しているのかであろう。

実は、このような問いかけの背景には、筆者（高橋）自身の実存的な関心も関わっている。「ひとりでも生きられるようになってきた現代社会において、それでもなお人が家族を形成するのはなぜなのか？」を明らかにしたいという思いが、本章の分析を駆動している。これは、ジェンダーや恋愛、結婚について真摯に考え続けた結果、「結婚」せずにここまで来た30代後半の筆者にとっての、人生をかけた問いでもある。この問いにどのような答えを出せるかによって、私の今後のライフコース選択が影響を受けるかもしれない……という意味で「人生」がかかっている。ちなみに２０２０年時点での国勢調査に基づく30代後半女性の未婚率は26・２％、同年齢層男性は38・５％となっており、このような疑問を持っている人はそれなりにいるものと思っている。

ひとりでも生きられるようになった現代社会でなお家族を形成するのは、家族生活になんらかの価値が見出されているからであろうという推論に基づき、その価値とは何なのかを本章で明らかにしていこう。

「労働としての家事・育児」というパースペクティブのもとでは、この問いへの答えをうまく見出すことができない。そこで、労働／余暇二元論を超えた「生活としての家事・育児」という新たな枠組みで考えていく必要があるというのが筆者の立場である。

充実感の指標化の動き

現代の人々が家族生活に見出している価値を考えるには、とくに「生活充実感」にフォーカスするのが有効である。

「生活充実感」や「幸福感」は近年、社会政策を導く新たな指標として重視されており、2010年代からは「ハピネス（happiness）」や「ウェルビーイング（Well-being）」の指標化がグローバル規模で様々に試みられている。例えば、2011年の国連総会「幸福」決議（第65会期）を受けて、国連は2012年から『世界幸福度報告（World Happiness Report）』を発行しており、「10があなたにとって最も理想的な生活、0があなたにとって最悪の生活とした時、今現在のあなたの生活は何点ですか？」という質問文で「ハピネス」を測定している。イギリスは２０１１年から毎年、報告書『イギリスの個人的ウェルビーイング（Personal well-being in the UK）』を発行しており、生活満足感（Life Satisfaction）に加えて、「概して、あなたが日々やっていることにどの程度意義（worthwhile）があると感じていますか？」という質問文で「人生の意義（Worthwhile）」も測定している（Office for National Statistics 2022）。

日本でも、内閣府の主導で２０１２年から「生活の質に関する調査」、２０１９年から「満足度・生活の質に関する調査」がなされているほか、「世界幸福度調査」を進めている世界的組織（「グローバル・ウェルビーイング・イニシアティブ」）と連動した「ウェルビーイング学会」も２０２１年に日本で発足するなど動きが活発化している。この背景には、２０３０年までのグローバル目標であるＳＤＧｓの後に目指されるべき総合枠組みとしての「ウェルビーイング目標（Well-being Goals, WGs）」が、有力なものとして浮上してきていることがある。

「ハピネス」はより感情に焦点を当てた語であり、「ウェルビーイング」は心身の健康状態なども含めた「幸せ」[*5]を指すというニュアンスの違いがあるが、いずれの語においても主観的な幸福感や充実感を中心としつつ、その規定要因と考えられているいくつかの分野についての客観的状況の測定が行われているというのが近年の動きである。

どのようなときに生活充実感を持つのか

過去を振り返ってみると、主観的な生活満足感や充実感そのものは、日本でも1970年代頃から継続的に測定されてきた。内閣府の「国民生活選好度調査」（1972年～2012年）では「あなたは生活全般に満足していますか?」という文章で生活満足度に関する回答を得ており、GDPが上昇した時期にも生活満足度は上がらなかったという特徴が報告されている（鈴木2022）。

日本語の「満足感」は、基本的なニーズ（欠乏欲求）がどの程度満たされているかという意味合いがある。「国民生活選好度調査」も、収入や衣食住などの基本領域での主観的満足度を測定するという質問紙構成になっている。それに対して、「充実感」は自分が行っていることに対する十分な手ごたえや達成感、自己実現を通した自己肯定感の高まりといった意味合いが含まれている。青年心理が専門で、アイデンティティ確立と充実感の関連を実証している心理学者の大野久（1984）によれば、「充実感」とは日々の営みにやりがいを感じ、総じて生きがいを感じていることであり、充実感の対義語は「空虚感」で、毎日の生活が空虚でつまらない、生活にハリがない、生きている実感がないといった感覚のことである。ここからは、「満足感」の対義語は「不満感」、「充実感」の対義語は「空虚感」であることが分かる。満足感は欠乏からの解放を旨とする消極的自由の実現によって得られるのに対して、充実感は個々人ごとに異なる積極的自由の実現を通した「満たされ」のことである。

前述の「国民生活選好度調査」では満足感を尋ねていたが、1990年代に始まった内閣府の「国民生活に関する世論調査」（1992年〜）では、「生活充実感」の方を尋ねている（「あなたは、日頃の生活の中で、どの程度充実感を感じていますか？」）。とくに本章の文脈において興味深いのは「充実感を感じるのは、主にどのような時ですか（複数回答可）」という質問に対して「家族団らんのとき」を選ぶ人の割合が一貫して首位になっているということである。「ゆったりと休養している時」や「趣味やスポーツに熱中している時」、「友人や知人と会合、雑談している時」よりも家族と団らんしているときに充実感を持つと答えた人の方が多い（図2－1）。[*6] 家族を形成して運営する世代に当たる30代から50代女性は6割以上が「家族団らんの時」と答えている。

国際比較で見ると、英米は日本よりもさらに、家族と過ごす時に充実感を持つと答える人の割合が多い。そもそも英米のような「相互独立的自己観」(北山1994)を持つ文化圏の方が、「相互協調的自己観」の文化圏である日本よりも、充実感・幸福感・満足感の数値が概して高いという特徴があるのだが、ここで注目したいのは先ほどと同じように、どんな時に充実感を持つかである。18歳から24歳の若者に「あなたはどんなときに充実している(you are living a fulfilling life)と感じますか(複数回答)」と尋ねると、日本では「友人や仲間といる時」(74・6%)や「スポーツや趣味に打ち込んでいる時」(59・6%)と答える人の割合が高く、「家族といる時」は41・5%にすぎないのに対して、英米では「家族といる時」が最も高くなっている(イギリス60%、アメリカ67・2%)(「第8回世界青年意識調査」)。*7

これらのことを合わせて考えてみると、現代社会で感じ取られている「家族」の価値の中核に、家族とともに過ごす時間がもたらす充実感があるのではないかということが見えてくる。

［図2-1］

充実感を感じる時

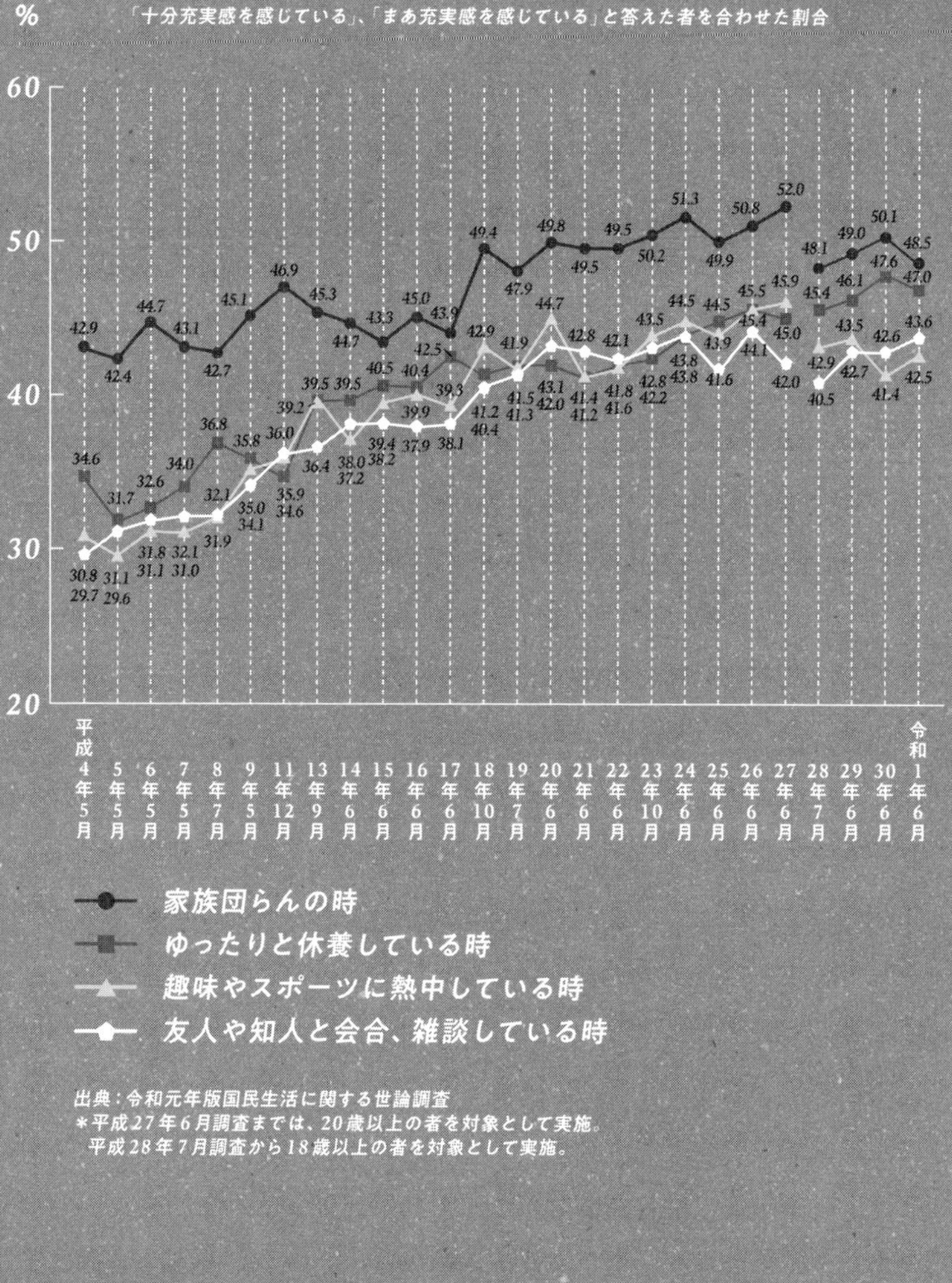

「十分充実感を感じている」、「まあ充実感を感じている」と答えた者を合わせた割合

出典：令和元年版国民生活に関する世論調査
＊平成27年6月調査までは、20歳以上の者を対象として実施。
平成28年7月調査から18歳以上の者を対象として実施。

母親たちの語りから家族生活の充実感を探る

このような全体的な傾向を踏まえた上で、「家族」に見出されている価値の中身を具体的に明らかにしていくには、家族生活を行っている当事者の語りをじっくり聞かせてもらうことのできるインタビュー調査が最も向いている。

このような目的と関心に基づいて、筆者は「小学生の子どもを持つ母親」へのインタビュー調査（2017〜2018年に実施）に参加した。日々の家事・育児に関する満足や不満、思い入れ、つらさなどを聞き取ることで、簡単に数値化できないために見えにくくなっている生活の質的側面が見えてくると期待できる。以下では、この調査で得られたデータの分析を通して、家族生活がもたらす充実感とはどのようなものなのかを明らかにしていこう。[*8]

調査対象者は、「小学生の子どもを持つ母親」である。調査の概要や調査対象者の一覧は、巻末の付録を参照してほしい。ここでは、本章の分析に必要な点を中心に、調査対象者の特徴を概観しておこう。

インタビュー募集のさいにセクシュアリティの規定は設けていなかったが、結果的に今回インタビューに応じた方は全員が男性との間にパートナー関係や元パートナー関係を結んでいた。調査時の婚姻ステイタスは、同棲カップルがイギリス1人、シングルマザーが日本1人、イギリス2人、婚姻カップルが日本9人、イギリス7人となっており、これは各国の全体分布にほぼ対応するものとなっている。[*9]

母の就労状況も、小学生の母の就労形態の分布に、日英ともほぼ合わせることができた。日本の調査対象者の就労状況は、正規雇用4人（理恵、陽子、梢、智子）、非正規雇用4人（久美子、由美、望、樹里）、専業主婦2人（恵美、美穂）である。イギリスの調査対象者は、フルタイムワーカー4人（レイラ、ナンシー、クリピ、アリーナ：育休中）、パートタイムワーカー3人（エマ、ダニエラ、ルビー）、専業主婦3人（スザーナ、キャシー、オリビア）である。

日本において正規雇用と非正規雇用は、年金や保険といった社会保障制度と絡み合って待遇差が大きくなっているが、同一労働同一賃金の原則が広がっているイギリスではフルタイムワーカーとパートタイムワーカーの待遇差は小さく、純粋に働いた時間に応じて収入が増減する制度になっている。そのため、イギリスの方が自分や家族の状況に合わせて労働時間を柔軟に切り替えやすい状況となっている。

働き方の多様さ

一口に「フルタイムワーカー」や「パートタイムワーカー」といっても、子育て中の母親の働き方は実に多様であり、経済的資源や時間資源の逼迫状況も家族ごとに異なる。例えば、理恵は夫婦ともに正規雇用のフルタイムワーカーで、かつ自分の通勤時間が長いため、家族生活のための時間資源が少ない。智子は自宅の目の前にある職場に転職し、正規雇用で週3日9時~5時で働いているが、副業にも力を入れて本格的に行っていることに加えて家事・育児の大部分もこなすというトリプルワーク状況にあり、毎日「とても忙しい」と述べていた。ただし、正規雇用のフルタイムワーカーであっても、夫婦ともに家族の都合にあわせて仕事の調整がしやすい職場で働いたり、それほど忙しくなく残業がほとんどない職場で働いていたりする場合には、ある程度の時間的ゆとりがあり、家族とともに過ごす時間を取ることができていた（梢、陽子）。

日本のパートタイムワーカーの場合、子どもと一緒に過ごす時間は当事者が満足できる水準まで十分に取れているが、経済資源を得るための仕事を生活にどう組み込むかに関して様々な試行錯誤がなされており、苦労している様子がうかがえる。在宅でパソコンを用いた仕事をしている望は、仕事の募集がメールで来るため「メールチェックは毎日欠かせ」ず、また自分がやりたい仕事の募集が出ていたらそのメールに対してすぐに対応する必要があり、「(仕事が)入った時は一日に2時間くらい」働いている。小学3年生と1年生の子を持つ樹里は「不規則な派遣」の仕事をしており、夫が休みの日に合わせて、ひと月に3~5回、倉庫や製造ラインなど、そのつど様々な場所に派遣されて働いているが、子どもの帰宅時間には家にいられるような「ちょうどよい勤務時間帯」で平日に働ける仕事を探していると述べ、なかなか見つからないと嘆いていた。他方、久美子は、まさに樹里が求めているような午前中から午後1時頃まで働くパートタイムの仕事についているが、夫がほとんど家にいないライフスタイルのため、2人の子どもの世話と家事を一手に担っていて疲弊気味である。スポーツを教える仕事をしているシングルマザーの由美は、「今はいいやと、とりあえず働くことを抑えている。貯金でも何でも使いながら、とりあえず生活している」と述べ、若い時から「私が稼いできた」し、子どもが大きくなったらまた稼げると思うと自信をのぞかせた。

イギリスにおいても、母の働き方やその見通しは多様である。例えば、ナンシーは下の子どもが9歳の頃までパートタイムで働いていたが、今年からフルタイムに復帰した。

2人の子どもの部屋を分けてあげるためにとにかく今は稼がなければと語り、もう3年もバケーションに行っていないと嘆いている。看護師・助産師のダニエラは、かつてはフルタイムで働いていたが、夫と死別してシングルマザーになったあと「夜のシフトを断り」、週20時間のパートタイムワーカーとして働いている。「仕事自体はたくさんあるので、私が頼めばもっと仕事はできるが」、息子がいまでも出掛けに「ママも、パパのように一度仕事に行ったらもう帰ってこないんでしょ」とグズることがあるので、いまは仕事を控えていると述べた。仕事に加えて、すべての家事・育児と日々の子どもの学校の送り迎え、音楽、水泳、コンピュータープログラミングなど複数の習い事の送り迎えをこなしており、「とても忙しい」毎日を送っている。

専業主婦も、そのライフスタイルや将来の見通しは多様だ。オリビアは、シングルマザーで障害児給付を受給して生活している。キャシーは、バイオメディカル・テクノロジーと情報科学の二つの学士を持っており、調査時7歳と5歳の子を育てながら専業主婦をしていたが、子どもが「12歳か13歳くらいになったら再度研究室で働く予定」だと語った。

以下の記述では分かりやすさのために名前と就労形態を書くことがあるが、まずはこのように具体的状況は多様であるということを明記しておきたい。

［図 2-2］

家族生活の質的向上をもたらす要素

分類名	項目名	質問文	分析視点
家族関係	パートナーとの関係	「家族とはよく話しますか」	会話頻度・時間
		「ご家族ともっと一緒にすごしたいですか」	一緒に外出するなどの共行動の頻度・時間
	子どもとの関係	「家族とはよく話しますか」	会話頻度・時間
		「ご家族ともっと一緒にすごしたいですか」	一緒に遊ぶ、教えるなどの行動の頻度・時間
家族活動	家事	「家事は好きですか」	好きな家事にかける時間
		「好きな家事や嫌いな家事はありますか」	嫌いな家事を回避する手段の有無
	植物や動物の世話	「ペットはいますか」	ペットの世話が家族生活に与える影響
		「ガーデニングをしていますか」	植物の世話が家族生活に与える影響
	家族ぐるみの社交	「自宅に人を招いて食事をしますか」	家族ぐるみの社交が家族生活に与える影響
	エクストラ・アクティビティ	「一日あと一時間あったら何がしたいですか」 「一週間のお休みが取れたら何がしたいですか」	家族生活をより良くする時間の過ごし方

家族生活の充実感をもたらす要素

家族生活の充実感をもたらすものは、大きく家族関係と家族活動《アクティビティ》に分けて見ていくことができる（図2－2）。

今回の調査では、現代イギリスの家族生活との比較研究であることを踏まえ、ガーデニングとペットの世話、そして日本にはほとんど見られず英米では慣習となっている「家族ぐるみの社交」も調査項目とした。イギリスにおいてガーデニングとペットの世話は「家事（household）」の一つとして捉えられており、各国で整備されてきた「生活時間調査」でもイギリスの統計ではガーデニングが家事に分類されているが、日本の統計では趣味に分類されている。

また、生活時間調査を踏まえた今回のユニークな質問項目として、「一日にあと一時間あったら何をしたいか？」と、「一週間のお休みが取れたら何をしたいか？」がある。このような仮定的な質問によって、何があれば家族生活がより豊かで充実したものになると当事者が考えているのか、その思いを探ることができる。

夫への不満を減らすのは家族揃っての食事

「家族関係」に関しては、「家族とはよく話しますか?」という質問文で尋ね、家族といつどの程度話すかを聞いた。この論点は5章で詳しく分析しているので、ここでは「夫との関係」についてのみ、一部簡単に論じる。

今回のデータでは、妻による「夫への不満が語られるか否か」に関わっているのは、妻の就労形態でも家事・育児の夫婦間分担状況でもなく、日々の食事を家族揃って取れているかであった。平日の夕食や少なくとも休日の食事を家族揃って食べている場合、妻が夫への不満を語ることが少なかったが、家族揃っての食事が取れていない場合、妻による夫への強い不満が語られている（「家にいる時間が短い」、「帰りが遅い」、「職場の飲み会が多い」、「もっと育児に責任を持ってほしい」）。より正確に言うと、図2-3の空欄部が示すように家族揃って食事をする機会がほとんどない家族で、夫への不満がない妻はいないという結果になった。

家族で食事をする時間を持つことができている場合、食事の最中やその前後で家族の

［図 2-3］

食事の機会別にみた夫へ不満の有無

	夫への不満に関する語りあり	夫への不満に関する語りなし
家族揃っての食事の機会あり	理恵 望（休日のみ）	智子 陽子 美穂 梢（休日のみ） 恵美（休日のみ）
家族揃っての食事の機会ほとんどなし	久美子 樹里	―

問題を話し合い、家族関係の微調整を行っていくことができるが、その機会がない場合、不満を解消する機会がないまま溜まり続け、生活充実感が損なわれていくと考えられる。

食事の機会を持つことができていて、かつ夫への不満を語った理恵と望は、共通した問題を抱えていた。それは、夫の職場近くに自宅を構えたことで妻が被っている負担の大きさという問題である。理恵の場合は、妻の通勤時間の長さをカバーするだけの夫の家事・育児遂行があるわけではないという問題であり、望の場合は、実家の祖父母による子育てサポートが得られず夫の平日の帰りも遅いため、妻がすべての家事・育児をひとりで担う過剰負担に陥っているという問題である。

イギリスの調査対象者を見ると、ほぼすべての家族が平日の夕食を、夫も含めた家族みんなで取っており、その点に関わる夫への不満は語られなかった。また、夕食を共にした後は、家族がそれぞれ別のことをしていても、家のなかでゆっくり過ごす時間が取れている様子が見て取れた。

ここから、家族揃って食事をする機会の有無が、家族でゆっくりとした時間を過ごすことができているかどうかの行動指標になりうるという示唆が得られる。そして、家族揃って食事をする機会を持てることが家族生活の充実感を高めている可能性が見えてくる。

「嫌いな家事」を回避する手段の多さ

家事については「家事は好きですか?」という質問文で尋ね、「好きな家事」や「嫌いな家事」について詳しく聞いた。生活充実感という観点から言えば、嫌いな家事や苦手な家事を回避する手段の有無や多寡(多さ少なさ)がカギになる。

まず、今回のインタビュー調査で印象的だったのは、多くの人が「好きな家事」と「嫌いな家事」を明瞭に答えたことである。もともと質問文が「家事は好きですか?」である点には留意すべきだが、この質問に対しては、日英ともに専業主婦を含めたどの方も、とくに戸惑ったり考える間を置いたりすることなく回答した。

家事を一手に担っている専業主婦やシングルマザー、日本のパートタイムワーカーの場合には、嫌いな家事について「頑張らないと決めている」「手を抜く」が主な回避手段となっており、回避手段がほとんどないか少ないという特徴がある。洗濯が好きと語る専業主婦の恵美は、「料理も、すごく好きと言うわけではないけど、(私が)食べるのが好きなのでまぁ。掃除がめんどくさいし嫌いなんですよね。ここ3階建てなので、掃除機なんかも運ぶのが、重いわけじゃないけど、めんどくさい。なので、クイックルワイパーなんかで済ましちゃうこともあります」と語った。

いっぽう、パートナー間での家事・育児の分担が成り立っている場合、相手との交渉を通して、自分が「嫌いな家事」を相手がやるという形で、回避手段を確保できていることがある。フルタイムワーカーの陽子は「食事を作るのは好きだけど片付けるのは嫌い」なので、夕食の片づけは「夫の担当」となっている。そして、パートナー間交渉の結果、折り合いがつかないときは「2人ともしない」という回答も見られた。理恵の場合、妻が「ご飯作って、子どもをお風呂に入れて、寝る」。「洗濯は夕食後の片付けと並行でワンセット、主人の担当」で、夫が夕食後「食事の片付けと食器洗い、洗濯とそれを部屋干し」する。そして「掃除は嫌いです。月に2～3回掃除機、あとは週1回クイックルワイパー。掃除ロボットがほしかったのですが、予算的に断念」したので、「掃除は2人ともしない（笑）」と答えている。[*10]

パートナーとの分担ができなくても、日本では親族のサポートによって嫌いな家事や苦手な家事を回避するという手段が得られることもある。乳幼児の世話をしていて、現在は仕事をしていない美穂の場合、夫はほとんど家事をしないが、炊事は「母親が来て、けっこうやってくれ」ており、また「叔母夫婦がいつも食事を作って持ってきてくれて、助かります。私は、ほとんど台所を使わない」という。

だが、親や親族が家事・育児を手伝うという慣習があまりないイギリスの場合には、親族にやってもらうという選択肢はない。シングルマザーのオリビアは「家事は好きですか？」に対して、「ノー、私は嫌い(hate)」と答え、まずは「子どもたちに家事を教えて、(できることは)やらせている」と述べた後に、「支払うから、誰かにうちに来てやってほしい。私は外に働きに出たいのよね、自分の手を汚すのは自分の家の中ではない場所でしたい」と答えた。有償労働として誰かにやってもらう形で、「嫌いな家事」を回避する手段を確保したいと考えていることが分かる。

「嫌いな家事」や「苦手な家事」は個人ごとに異なるが、それらを回避する手段の保有数は数値として測定することができる。その回避手段の数が、家事・育児をする当事者の生活充実感に関わってきている可能性が示唆された。

現在はパートナー間の家事・育児分担が、互いに「嫌いな家事」を回避する手段の一つとして重要なものとなっている。今後は、家族ごと・個人ごとに異なる「苦手な家事」の代替手段を提供するという観点での、社会的支援のあり方に関する議論も必要だろう。

家族間のケア感情を増幅する植物や動物の世話

ガーデニングの実施率は、無回答者を除くと日英ともに半数だった（イギリスの2人が無回答）。自宅の庭や自治体が管理する「貸農園」、「コミュニティガーデン」などがあれば日英ともに取り組まれているが、その環境が整っていない場所ではなされていない。

ペットを飼っているのはイギリスで3人、日本で4人（1人無回答）だった。イギリスの場合、飼われているのはイヌ、ネコ、トリなどであったが、日本の場合「ペットはいますか？」の質問を「生き物の世話をしているか」と理解する人が多く、イヌのほか、メダカや金魚、ドジョウ、ヌマエビがいると答えた人も含まれている。

時間資源が逼迫している理恵の場合、本人はガーデニングもペットの世話もしていない。だが、夫は園芸が好きでいろいろとやっており「一昨年はグリーンカーテンを作った」。また、「（夫は）今はメダカに夢中」で「カメ」も飼いたいと言っていると説明したあと、「私は生き物系の管理はできません、殺してしまいます。人間だけで手いっぱいです」と述べている。人間とメダカを同列に語っているところがなんだかユーモラスな発言だが、日常的に気にかけながら共に生きる存在であるという点で家族と動物、植物は連続的だと気づかされる。

相手のウェルビーイング（良い存在状態、体調や気分も含めた健康や幸せのこと、＊6も参照）を気にかけ、自分も気にかけてもらうことで結ばれているのが「家族」であると捉えるとき、そのようなつながりから成る「家族」は一つのネットワークと捉えることができる。この家族ネットワークに動物や植物が接続されることで、ネットワークは活性化し、家族のつながりがより実感されるようになる。例えば、子どもがペットをいたわって世話をするというそのふるまいが、ネットワーク内の者同士のケア感情を増幅させ、家族同士のケア行動を増幅することがそれに当たる。

また「かつてはトリを飼っていたし、息子はイヌをほしがっているけど、私はとても忙しいから今は無理」（ダニエラ）という発言からも分かるように、この気にかけ合いのネットワークは、家族メンバーの時間資源や精神的余裕に合わせて、増やしたり減らしたりできるような緩衝材《クッション》として植物や動物を取り込みながら、維持されている。日英ともに動物や植物の世話を家族で行うという慣習が見られるのは、それが家族固有の関係のあり方を活性化したり強化したりするものとしてあるからなのだということが見えてくる。

友人家族を自宅に招いてディナーをするという家族ぐるみの社交をしていると答えたのはイギリスでは9人、日本では0人だった。この論点については3章で詳しく分析しているので、ここでは本章の論旨に必要なことだけを簡単に述べるにとどめる。

相互独立的自己観（いわゆる個人主義）が強いイギリスの方が、相互協調的自己観を持つ日本に比べて、核家族アイデンティティを重視する傾向が強いという点は、「家族」の社会的位置を語る上で重要である。

家族への所属感の喚起

イギリスの方が「私たち家族」という家族の輪郭を明瞭にし、家族への所属感を定期的に喚起するような機会を慣習として持っている。家族写真を自分にも他人にもよく見えるように飾る習慣や、家族ぐるみの社交を定期的に行うのは、その例である。

一般的に集団への所属感を持つことは、個人の自尊感情を高め、アイデンティティの確立をもたらし、生活充実感を高めることが分かっている（大野１９８４）。相互独立的自己観の文化圏において、家族は個人にたしかな所属感を提供することで、「個人」を確立する機能を果たしている。それに対して、日本は地域共同体や職場の人間関係の論理が緩やかに浸透した家族関係のなかで「相互協調的自己」を確立していくことが文化的規範になっている。そのために、イギリスのような「家族という単位」を個人に意識させるような慣習やイベントの数が少ないのだろう。

ただし、集団への所属感の強化は、同時に他集団への排他的感情の強化や集団内規範の強化を伴いがちであることを考えると、イギリスに見られるような家族アイデンティティの定期的な喚起は、たとえそれが家族生活の充実感の数値を上げるものとして機能するとしても、日本でも「やっていくべき」ものかどうかについては議論の余地があるように思われる。

あともう一時間の自分のための時間

最後に、「もし一日にあと一時間あったら何をしたいですか?」と「一週間のお休みが取れたら何をしたいですか?」の結果を見ていこう。

「自分のための時間を持ちたい」という回答が最も多く、これは雇用形態や時間的経済的資源の逼迫状況に関わらずに見られた回答であった。具体的には、読書(由美、スザーナ)やネットサーフィン(梢)、ラジオを聴く(ダニエラ)、「活字やマンガ、雑誌、字を読みたい」(久美子)等の基本的にはひとりで行う情報摂取活動、テレビで「サッカー観戦」をしたり(理恵)、ピアノを弾いたり(望)、映画館に行ったり(ルビー)、ショッピングしたり(ダニエラ)という情動的満足や「自分らしさ」を取り戻すことを主眼とする活動、「ヘアサロンに行って髪を切り、ネイルカットをして、マッサージを受けたい」(アリーナ)や「ひとりで散歩」(陽子、エマ)、「ただリラックスしたい」(ダニエラ)といったセルフケア活動などがある。家事が嫌いだと強調していたオリビアは「外国語を学びたい」と回答した。

その他、「寝たい」や「家事をこなしたい」という切実な回答も確認できた。専業主婦の恵美は、夜10時に息子と一緒に寝た後、夜11時頃に帰宅する夫に合わせて起き、夫に夕食を出したり会話をしたりした後、再度寝て朝6時に起きるという生活をしている。まとまって取れる睡眠時間は6時間以下となっており、「もしひとりだったら朝の1時間は寝ていたいですね」の回答を聞いたときには思わず深くうなずいてしまった。

家族のための時間を持ちたいという答えも少数派ながらあった。日本の場合、フルタイムで働く母2人が「もっと子どもの勉強を見てあげたい」と答えたのは、偶然ではないだろう。東京都内に住み正規雇用で働いている母は自身の学歴達成が高いケースが多

［図2-4］

「あと一日一時間あったら」の回答一覧

	イギリス	日本
自分のための時間を持ちたい（情報摂取／趣味／セルフケア）	スザーナ（複数回答） エマ（複数回答） アリーナ ダニエラ（複数回答） オリビア ルビー	理恵（複数回答） 久美子 智子 陽子 梢（複数回答） 由美 望
寝たい	キャシー スザーナ（複数回答）	恵美 美穂
家族のための活動をしたい（家族と過ごしたい）	エマ（複数回答） クリピ	理恵（複数回答） 梢（複数回答）
家事をこなしたい	レイラ	―
働きに出たい	―	樹里
わからない・無回答	ナンシー	―

く子どもの学歴達成も重視する傾向がある。この状況で母がフルタイムで働いている場合、その時間資源の少なさから、本来やるべきだと思っている程度まで子どもの勉強を見てあげることができていないという現状が反映されていると考えられる。

最後に、イギリスのみに見られた回答として「子どもなしで夫ともっと一緒に時間を過ごしたい」（エマ）がある。それとは正反対に、家族全員で一緒に過ごすことに主眼をおいた回答もイギリスにのみ見られた。北インドにルーツを持ち夫婦ともに銀行に勤めるフルタイムワーカーのクリピは「家族みんなが一緒の部屋にいて各自好きなことをやる。ひとりになりたいとは思わない」と語った。

家族との一週間の休暇

「一週間のお休みが取れたら何をしたいですか？」という質問に対しては、無回答者を除く9割以上の人が「旅行」や「どこかへ行きたい」と答えた。現実の休暇取得状況に関わらず大部分が旅行と答えており、現代の生活における家族旅行の人気を印象づけるものとなった。

旅行やバケーションは日常から離れてリラックスできる「ご褒美」という意味合いを帯びており、それを家族と一緒に楽しみたいという語りが多い。「仕事のことも考えず、学校のことも考えず、頭がクリアになるような気持ちのいいどこかに行って、ただリラックスしたい。海辺のリゾート地で、家かなにかを借りて過ごせば、すべてから離れられそう」と言うのは、パキスタン系家族にルーツを持つイギリス生まれのフルタイムワーカー、レイラの回答だ。専業主婦のスザーナは「ジャスト・リラックス。ビーチに行って、レストランでご飯食べて、いいマーケットを家族でのぞいたりなんかしたい」。梢は「海外旅行に行きたいです。いまは、みんなで『ぼーっ』としたいです。（子どもが）小さい時はそういう旅だったんです。リゾート地に行って、ホテルのプールで大半を過ごし、ご飯を食べに出かけるみたいな」。恵美も「国内だったらどこでもいいんですけど。あ、ちょうど今度の春休み前に北海道行くんですよ。旅行行って、おいしいもの食べて、ゆっくりして、お土産とか買って、とかいうことをしたいです」と語っている。ここで目指されているのは、日常から離れて家族だけの時間を楽しみ、自分もリラックスしてリフレッシュすることである。

　家族で旅行したいという回答の内容は同じだが、「子どもの教育」に主眼を置き、子どものためにどこかへ行かなくてはと考えているという語りも一定数見られた。由美は

「旅行とかには連れて行きたいです。旅行は数年に一回海外旅行、スキーなどに、2、3日から長くても4、5日です。最近行っていないので連れて行かなきゃなと思います。子どもが大きくなると、子どもの部活のスケジュールと合わなくなってきます」と語った。久美子と樹里は「夫はいなくてもいいので」子どもをどこかに連れていってあげたいと述べている。この2人の夫はともに労働時間が非常に長いため、夫を含めた「家族」で旅行に行くということを想像することすらできない状況だと推察される。

以上を、最も多かった回答を中心にまとめると、一日あと一時間の自分のための時間、一週間の家族との旅行が、現代の日本とイギリスで小学生を育てている母親の希望するものである。現代の家族生活の充実感を高め、家族生活をより豊かにするためのヒントはこのあたりにありそうだ。

また、このような回答の収斂を踏まえると、どのような家族も、家族でバケーションを楽しむ機会を持てるような経済的・時間的資源配分をもたらす社会制度を一つの目標とし、それに向けた的確な社会的支援を拡充していくことも重要だという示唆が得られる。

存在を気にかけ合う時間がもたらす充実感

現代社会において家族に見出されている個人的《パーソナル》な価値とはどのようなものなのかを明らかにするため、現在小学生を育てている母親の語りを見てきた。本章の分析を通して分かってきたのは、日常的に互いの存在を気にかけ合っているような安心できる相手と共に時間を過ごすことそのものがもたらす固有の充実感があるということである。

これは、自分のやるべき課題を勤勉にこなして自分の目標を達成していくといった、仕事などで得られる充実感とも、時間を忘れ、我を忘れて自分の好きな趣味に没頭した後に感じるあの特有の充実感（Seligman2014）とも、質的に異なる「充実感」である。具体的には、日常的に家族でゆっくりと過ごす時間があることや、「ジャスト・リラックス」のための一週間の家族旅行、植物・動物の世話を家族で行うことなどが、家族生活の充実感を高めるものとしてある。また、それらの家族生活を支えている家事・育児負担を軽減するものとして、例えば「嫌いな家事」や「苦手な家事」の回避手段を持っていることや、一日あともう一時間の「自分のための時間」を持てることが、小学生を育てている母親の生活充実感を高めるという仮説が得られた。生活充実感を測定した上でこれらが規定要因になっているのかの実証とその構造の解明は今後の研究課題である。

ここでは、二者間の恋愛《ロマンティックラブ》と呼ばれる関係とは異なり、複数のメンバーを想定して形成された日常的に気にかけ合う関係を指し示すために、さしあたりそれを「家族」や「家族ネットワーク」と呼んで議論してきたが、言うまでもなくこのような関係は法制度上の「家族」である必要はない。

ただし、長期にわたってその関係性から離脱しないよう努力するという約束が外在的・社会的な枠組みによって基礎づけられていることで、互いの「関係への労力投入《コミットメント》」はより調達しやすくなる[*11]（「関係への労力投入」とは、例えば喧嘩したときに自分の主義主張を一部修正して相手との関係継続を試みることや、趣味嗜好を相手とすり合わせていくことなどの様々な日々の営みのことを指している）。家族という法制度に乗ることで、より安定的に得られる見通しが立ちやすい生活充実感が、それ自体「目的」となりうるような価値として人々に感じ取られているがゆえに、現在でもなお家族は形成されているのだと考えられる。

このように個人の生活充実感やハピネス、ウェルビーイングという視点から家族生活について捉え直すとき、主要論点となってくるのは結婚制度に伸《の》るか反るか――すなわち既存の法的な家族制度から「解放」されているか否か――ではない。家族メンバーの全員が生活充実感を積み重ねていくことができるか否か、そしてその延長線上に成り立つ幸福な家族的関係を築けるのか否かである。

そのためには、第一に、まずはボタンを掛け違えたようなうまくいかない関係からは誰もがいったん離脱できる自由が制度的に保障されている必要がある。離婚したり親子関係を解消したりしても、不当な社会的不利益を被らないよう個人を守るような社会制度の整備が必須だ。それに加えて必要になってくるのは、家族関係を望む人なら誰もが、健康《ヘルシー》な家族関係を自分の手で築いていくことができるような具体的知識やソーシャルスキルの習得機会を得られることである。近年の包括的性教育では「人間関係」をキーコンセプトの一つにしており、「家族、友情、愛情、恋愛関係」を取り上げながら親密な関係を築くための知識やソーシャルスキルの教育を目指している（ユネスコ2020）。どのような家庭環境に育った人も、健康な家族生活を継続していくためのソーシャルスキルを身に着ける機会を持てる社会的サポートのあり方や社会政策が必要である。もちろん、このとき、家族を持ちたくないと思っている人や家族を持たない人が批判されず、不利益を被らないような社会制度となるよう慎重に調整していくことも必須であると筆者は考えており、この点で「全員が家族を形成すべきだ」という保守的な主張とは明瞭に一線を画するものである。

　以上のような議論の地平や展望は、「労働としての家事・育児」という分析視点《パースペクティブ》での研究を踏まえつつ、「生活としての家事・育児」という分析視点を取ることではじめて見えてくるものである。

　本章ではとくに生活充実感にフォーカスして「生活としての家事・育児」を一段掘り下げて考察してきた。この分析および考察を通して「生活としての家事・育児」という立場の有効性と可能性が見えてきたと読者に感じてもらえていれば幸いである。

注

＊1　19世紀の賃金労働の普及とその後の労働時間規制の法整備のなかで、「労働／余暇（レジャー）」の二分法が制度的に確立してきた。現在の日本語の語感では、「労働」の対義語は「余暇」よりも「趣味」や「自由時間」の方がより適切であるように感じられるが、ここでは制度化されてきた語である「余暇」を用いる。

＊2　例えば、「国民生活に関する世論調査」（内閣府）など。

＊3　「#2.7 一番大切なもの　集計結果」、統計数理研究所（https://www.ism.ac.jp/kokuminsei/table/data/html/ss2/2_7/2_7_all.htm（2023年3月5日取得）

＊4　2020年「国勢調査」による生涯未婚率は男性28・3％、女性17・8％。

＊5　「ウェルビーイング」はこれまで社会福祉分野では主に「福祉」、医療分野では「健康」、心理学では「幸せ」と訳されてきたが、いまだ日本語としてうまくなじんでいないところがあるようにも思われる。

＊6　内閣府、2019『国民生活に関する世論調査（令和元年6月調査）』（https://survey.gov-online.go.jp/

r01/r01-life/zh/z12-2.html）より引用。令和2年の同調査は中止されている。また令和3年9月の調査はそれまでの調査員による個別面接聴取法とは異なる調査法を取っており、また調査対象者の規模も小さくなっているので、単純比較できない。そのため、ここでは参照しない。

＊7　内閣府政策統括官（共生社会政策担当）によって２００７～２００８年に実施された「第8回世界青年意識調査」（https://www8.cao.go.jp/youth/kenkyu/worldyouth8/html/mokuji.html　２０２３年3月5日閲覧）に基づく。この国際比較調査はこの後、継続されておらず、また生活充実感に関するこのような質問項目を有する他の国際比較調査を、筆者自身は見つけることができていない。つまり、ここで示した国際的な傾向に関しては、複数のデータで確認できているわけではない。したがって、この点に関しては今後さらなる調査研究による確認が必要であると考えている。

＊8　今回の調査では、「充実感」を数値化して答えてもらう質問項目を設けていない。そのため、家族との関係等に関する「不満が語られているか否か」を、「充実感」の代替指標にして分析を進めた箇所がある。このような調査法になったのは、筆者がこの研究プロジェクトに参加した時期に起因している。筆者は、すでに質問項目が確定しイギリス調査も終えた２０１７年後半からこのプロジェクトに参加し、日本のインタビュー調査を実施した。そのため、「充実感」を数値化して尋ねる項目を設けることができなかった。ただし、調査対象者の自宅にうかがって、じっくりお話を聞くことで得られたものは多い。本章は、その経験に基づいた、今後の仮説検証型研究のための仮説を導出する探索的研究としてお読みいただければ幸いである。

＊9　イギリスは２００５年に国レベルでの「シビルパートナーシップ」を導入している。イギリス国家統計局（Office for National Statistics）の「労働力調査（Labour Force Survey）」データによれば、「自立していない子がいる家族の家族形態の割合（２０１３年）」は、「結婚もしくはシビルパートナー家族（同性パートナーも含む）」が60・2%、「同棲（同性パートナーも含む）」が15・2%、「シングルマザー」24・5%となっている。

＊10　また、家事に関しては、やるべき家事に気づきやすい方が、結果的に家事を多く担うことになるというメカニズムがある。梢は「夫は、1週間くらい経ってじゃあそろそろ掃除しようかなっていうぐらいにしか、気にならないんだと思うんですけど、私は2日くらいで」フローリングにたまった埃が気になり、「『こんな（汚い）ところで（暮らせるか）！』って思うので、私の方がやります」と語った。ここには、建前上は夫婦間の家事分担がなされていても、結果的に妻の方が多く家事をこなすことになる具体的なプロセスが見て取れる。

＊11　そして、このように考えるとき、一刻も早い同性婚の合法化がいかに重要かということもより明瞭になる。全員が結婚する必要はないが、結婚という制度を使って自分たちの関係性を構築していきたいと希望する人の誰もがその制度を使えるように権利を保障することは絶対に必要である。

＊12　2021年の「出生動向基本調査」（国立社会保障・人口問題研究所）によれば、18歳〜34歳の未婚者のうち30％以上（女性34・1％、男性33・5％）が「とくに交際を望まない」と答えており、同年齢層未婚者のおよそ15％（女性14・6％、男性17・3％）が「一生結婚するつもりはない」と答えている。本章前半で見てきたように家族生活に個人的な価値を置く傾向が高まっていることは事実だが、同時に自分は家族を形成しないという意志や見通しを持っている人も1・5割〜3割という厚みをもって存在していることには、十分に注意を払う必要がある。

3

リビングという空間
住まわれ方の日英比較

野田潤

リビングがうつしだす家族のかたち

リビングとは、一家団らんをおこなうために設けられた家族の共有空間である。特にnLDK型の住宅が一般化した現代の日本においては、個室をもつ家族のメンバーが集まって日常的な食や住を共有するのは、主にリビングということになるだろう。

近代日本の家族の居住空間の変容を研究した西川祐子は、「具体的空間である住宅もまた、言語と同じく家族のあり方を表現し、さらには規定する」のだと指摘する（西川1995a）。そうであるならば、現実のリビングの使われ方に注目することで、その社会ならではの家族のあり方の一端が見えてくることもあるだろう。本章ではこうした問題意識から、現代家族の営みの中心的な場となっているリビングのありようについて考えていきたい。

そもそも家族団らんのための専用空間が日本に定着したのは、それほど古いことではない。明治末期から大正にかけて、都市部の新しい中流階級を中心に広がっていった「茶の間」こそがその源流である。では当時の「茶の間」は、今の「リビング」とどう違ったのだろうか。前述の西川祐子によると、「茶の間のある家」とは、家族団らんを重視しながら、同時に男性家長によって差配される家制度的な空間でもあった（西川1990、1995a、1995b、1996）。茶の間のなかには家長が座る特別な場所が必ず決められていたし、茶の間のある家には夫の親や親族のための部屋も用意されていた。

その後、居住空間の西洋化とともに「リビングのある家」という新たな住まいの様式が日本において確立するのは、高度経済成長期を経た1970年代半ば頃のことである。西川祐子はこの「リビングのある家」について、従来と同じく家族団らんを重視しつつも、全体が妻によって差配されるものであり、[*1]その点で「茶の間のある家」とは明白に異なっていたと指摘する（西川1995b、1996）。

では「リビング」を取り入れた日本の家族は、それ以来、名実ともに「西洋由来の近代家族」になったのだろうか？　いや、必ずしもそうは言えまい。なぜなら、外面上は同じような「ハコ」に見えても、そのハコのなかでどのような住まい方をするのかは、人によっても、また文化や社会によっても、さまざまでありうるからだ。

本章では現代の日本とイギリスのリビング空間を比較しながら、住まいの住まわれ方の違いを、そしてそれが意味するものを考察していきたい。「近代家族」と呼ばれるものの内部のバリエーションの一端も、そこから明らかになっていくだろう。

日本のリビング写真から

まずは実際のリビングの様子を、写真資料から見ていこう。私たちの調査では、インタビューに協力してくれた首都圏在住の女性10名（全員が小学生の子どもをもつ）に許可を得たうえで、リビングや子ども部屋といった住居内の写真資料を提供してもらった。[*2] 以下では、この写真資料から見えてきた日本のリビングの特徴を、３点ほど挙げてみたい。

ただし、あらかじめ断っておきたい点がある。それは同じ日本とはいっても、もちろん住まい方は人によって多様だということだ。そのため、ここで挙げた特徴に当てはまらないケースも当然あるだろう。必ずしもすべての人に当てはまるとは限らないため、「代表例」とまでは言えないかもしれない。しかし、そのいっぽうで「典型例」と見なすことは十分に可能だろうと判断した。なぜなら、これらの特徴はイギリスではほぼ見られなかったにもかかわらず、日本では複数の事例に共通して見られた特徴だからである。

したがって以下では「一つの典型」として、これらの事例を見ていきたい。

「子どもの空間」としてのリビング

日本の写真資料に目を通すなかで非常に特徴的かつ目立っていたのは、リビング空間に子どもの存在感が溢れている、ということだった。その具体的な特徴としてはまず、①子どもの私物が非常にしばしばリビング内に見られるという点である。

例えば写真1（115頁）では、リビングのテレビ横の小さなボックスに子どもの本が収納されており、リビングでくつろぎながらいつでも手に取れるようになっている。ボックスの上に置かれた地球儀も、もしかしたら子どもが世界地図になじむためという目的もあってのことかもしれない。テレビの前にはピンク色の子ども用鉛筆削りと見られるものが置かれている。また写真2のリビングにも子どものための絵本がたくさん並べられており、子ども用の知育グッズや学習用具も確認できる。さらに写真3のリビングでも、マガジンラックの中にメインで飾られるのはすべて子どものための絵本である。ラックの横には子どものおもちゃを入れた収納ボックスが置かれている。またキッチンカウンターのディスプレイ棚は3段とも、子どものおもちゃをしまうために使われている。

これ以外にも同様のケースは非常に多く見られた。例えばテレビ台の横の座卓に子ども用の鍵盤ハーモニカが置かれているケース、ソファに子ども用のぬいぐるみが置かれているケース、リビング内の床に子ども用のロディが置かれているケース、リビングのドアの内側に子どもの作った工作や絵が飾られているケースなどである。またリビングそのものではないが、リビングが開放された状態で子ども部屋につながっているためリビングから子どもの私物がすべて見えるケース、同じくリビングから開放状態でつながっている和室の床にランドセルなど子どもの私物が見えるケース、共有スペースである廊下の床に子どものおもちゃ箱が並んでいるケースもあった（写真4）。

今回、写真から判別できた分のみをカウントした限りでは、リビングあるいは家族の共用スペースにおいて子どもの私物を見ることができるケースは、10件中8件だった。私自身の体感としても、こういった家庭は決して珍しくないように思う。今回めぐりあった8件のケースが、たまたま特殊事例だったというわけではないだろう。つまり日本において子どもがいる家族のリビングは、家族団らんの場であると同時に、子どもの私物を置く場所（子どもの私物を置いてもいい場所）になっているともいえるのではないだろうか。

それから次に、日本の写真資料から見えてきた二つ目の特徴は、②子どもがつくった工作や絵などの作品がしばしばリビングに飾られている点だ。

たとえばリビングを写した先述の写真2では、本棚の上を見ると、写真立ての額に入れられた子どもの作品が確認できる。これ以外にも、子どもの切り絵や工作などがリビングのドアの内側によく見えるかたちで飾られていた例や、子どものクレヨン画やレゴブロック作品がリビング内に飾られていた例があった。またリビングそのものではないが、リビングとつながっているダイニングキッチンの換気扇の上や、冷蔵庫の扉などに、子どもの工作が飾られているケースも複数見られた。

こういったかたちで子どもの作品がリビング・ダイニングキッチンの内部に展示されていたのは、10件中、写真で確認できた限りでは4件である。これらは純粋にアート的・インテリア的な効果を企図したものというよりは、むしろ作品を通じて我が子の営みを身近に感じるために飾られているものだと解釈できる。作品の飾り方そのものも、大仰な額や表装を付けて展示されているものはなく、生のままの気軽なかたちで棚や壁に直接飾られている場合が大半だった。

モノの置かれ方から見えてくること

さらに、日本の写真資料のうちいくつかのケースで共通して見られる特徴について、もう一つ触れておきたい。その特徴とは、③モノが多くてリビング内の収納スペースを圧迫していることがしばしばある、という点だ。これは子どもの私物によって起きているケースも多いが、子どもの私物に限らず見られることもある。

例えば先述の写真3では、ディスプレイ棚に子どものおもちゃが置かれるいっぽうで、棚のなかに収納しきれなかったものがキッチンカウンターの上に溢れてしまっている。また子どものおもちゃや絵本の一部は、床に直接置かれている。また写真4でも、収納ケース3箱に入りきらなかった子どものおもちゃは、まとめられてはいるものの、床への直置きとなっている。他にも、子どもの私物と大人の私物が入り混じるかたちで窓辺の床に直置きされている例や（写真5）、誰の私物かははっきり確認できないものの、やはりリビングの窓辺の床が複数の物品の置き場になっている例があった。

こうした事例は、写真から確認できる限りでは、10件中5件見られた。全体の5割な

1

2

3

4

5

3 リビングという空間 住まわれ方の日英比較

野田潤

ので「最大多数派」とまでは言い切れないが、個人的な体験を思い起こしても、「決して珍しくはない」と確かに感じる。

実はこのような事情は、日本で発行されている家庭向けの生活雑誌からも読み取ることができる。そもそも日本の生活雑誌の記事内容は、衣食住のうち圧倒的に「食」関係に偏っているのだが、それ以外の「住」についての記事を見てみると、そのほとんどが「収納」「整理整頓」「片づけ」関連のものなのだ。ネット上で少し検索しただけでも、「収納難民」という言葉がそこかしこに溢れている。日々の収納に困り果てている人たちは、決して少数派ではないことが窺える。

イギリスのリビング写真から

以上のような日本の写真資料の特徴を念頭に置いたうえで、それでは次にイギリスの写真資料を見ていきたい。イギリスの場合は、インタビュー調査に協力してくれた女性10名（全員が小学生の子どもを育てている）のうち、写真資料が得られたのは6名であった。全員分の写真資料を入手しているわけではないため厳密な比較というかたちにはならないが、それでも一定の傾向を探ることは可能だろう。

イギリスの写真資料を日本のそれと比較してまず感じるのは、リビングの全体的な雰囲気が日本とは大きく異なっている点である。一言でいえば、イギリスのリビングは非常にオフィシャルな空間という印象が強い。では、その印象はどこからくるのか。写真資料から得られた気づきを挙げてみよう。

まず、①イギリスのリビングには、子どもの私物があまり見られないという点である。これは写真資料全体として見られる特徴だった。たとえば写真6（119頁）のリビングには大きく目立つかたちでレコード棚が置かれているが、これは明らかに大人の趣味のための品物である。写真7などでは今まさに子どもがリビングでくつろいでいる瞬間が写っているにもかかわらず、床にも壁にも子どもの私物は見あたらない。

また、イギリスのリビングではモノの置かれ方にも特徴がある。それは、②物という物がすべて収納されており、床や壁や棚の外には何もないという点である。もっとも床については、単にイギリスでは室内を靴で過ごすため、床への直置きが避けられているという可能性はあるだろう。だが床のみならず棚のほうを見ても、やはり収納からはみ出た物はほとんど見当たらないため、収納の仕方そのものについて、日本との差は指摘しておく必要がある。

さらにイギリスでは、子どもの私物が不用意なかたちでリビング内に散乱している、ということがかなり少ない。リビングだけを見た限りでは、本当にこの家には小学生の子どもがいるのか、一瞬うたがいたくなるほどである。しかし、もちろん今回の調査ではイギリスでのみ特別に大掃除後のリビングの写真を用いたというわけではなく、あくまでも日常のリビングを調査したものである。また実際にイギリスでインタビューをおこなった品田によると、それぞれのインタビュー協力者の自宅を訪問した際にもリビングはだいたい常に写真通りの状態だったし、写真に写っていない場所の状況もまた、写真と大差なかったという。

ただし何十枚もあるイギリスの写真資料のなかにも、わずか3点ではあるが、子どもの私物が写っているものはあった。まず写真8では、ソファの上に子どもの絵本が1冊残っている。また写真9では、ソファの下の床に子どものカプセルトイが1つ落ちている。[*3] この2つは「片づけそびれ」とでもいうべき事例であろう。

いっぽうで写真10は少し様子が異なる。ここでは子どものおもちゃが窓枠にずらりと並べられており、片づけそびれというよりはむしろ意図的に子どものおもちゃを飾っているケースである。ただしこの窓以外の場所では子どもの私物は一切置かれておらず、すべて片づけられた状態だった。子どもの私物を「他人から見える」かたちで敢えて置

6

7

8

9

10

11

いてあるリビングは、イギリスではこの1例のみであった。[*4]

このように、イギリスでも子どもの私物が観測できるケースはゼロではない。しかし「のべ数」でかぞえても片手の指に収まるというのは、日本のデータと比べると、かなり特異なことのように思える。そして物の置き場所が床であるというケースが1件も存在しなかったのも、イギリスでの顕著な特徴だといえる。

フォーマルな家族写真が飾られる空間

また他にも日本と比較した時にイギリスの特徴として挙げられるのは、③子どもがつくった作品や絵をリビング内部に飾っているケースが1件も見られなかった点だろう。リビングのみならずダイニングキッチンを含めても、子どもの作品は見当たらなかった。総じてイギリスのキッチンには調理用具以外のものが一切置かれておらず、子どもの作品を飾る余地はないようである。

ただしリビングやダイニングキッチン以外の場所であれば、唯一の事例として、玄関付近の廊下の壁に子どもが作った花の貼り絵が飾られているケースがあった。ただしその花の貼り絵は、花をモチーフにしたインテリア用の大きな写真の下に配置されており、デザイン性や装飾性も意識したうえで他人に見せるために飾っている、という印象が強かった。全体的な傾向として、イギリスのリビングではインテリア性とは無関係な子どもの作品を敢えて展示する習慣はなさそうである。

しかしイギリスの人々が子どもの作品をリビングに飾る習慣を持たないとしたら、代わりに何を飾るのだろうか。

どうやらその答えは、家族の写真であるらしい。しかも自分たちの手作りですぐに用意できるような、小さなスナップ写真ではない。かなり本格的かつ大掛かりな額装つきの、フォーマルな写真を飾るのである。それは正装した家族全員の集合写真であることもあれば（写真11）、家族のメンバーひとりずつの写真がいくつか飾られていることもある。しかしいずれのケースでも共通していたのは、写真のサイズがかなり大きめで、本格的かつフォーマルな額に飾られているという点である。

このようなフォーマルな家族写真がリビングに飾られていたのは、写真資料から確認できる限りでは6件中3件だった。だが資料に写っていない部分の壁などに飾られていた可能性も充分あるため、場合によってはもう少し多いかもしれない。

家族以外の人を招いて社交をする習慣

それにしても、イギリスのリビングはなぜこうも整っているのだろうか。その問いを考えるうえで大きなヒントになりそうなのは、イギリスの家族が極めて頻繁に家族以外の人たちを自宅に招いて、食事を共にしているという事実である。具体的には、調査対象となった10人のうち5人が、月に1〜2回の頻度で友人家族や親族などを招いて、食事つきのホームパーティをおこなっていた。なかには「月に1度、6人に声をかけて、その家族も一緒に来てもらう」という人や、「少なくとも2週間に1度、30〜40人ほど招いて大々的にやる」という人さえいた。ちなみに残りの5人の回答はどうだったかというと、「2ケ月に1度」が1人、「やるけどもそこまで頻繁ではない」が2人、頻度は答えずに「やっている」と答えたのが1人であった。自宅に客人を招かないと答えたのはわずか1人のみで、子どもの障がい（見慣れぬ人に会うとパニックを起こす）が理由であった。[*5]

このようにイギリスの家族の多くは、多忙な共働きであるにもかかわらず、ホームパーティのため客人を自宅に招いている。回数についても日本人の感覚からすれば、かなり頻繁なほうだといえるだろう。

しかしながらこの月に1～2回という頻度ですらも、イギリス社会の理想からすれば、「足りていない」「良くない」と感じられてしまうらしい。たとえば共働きで7歳と5歳の子を育てているエマは、「月に1回」の頻度で友人家族を自宅に招いてホームパーティをひらいている。しかしエマはその回数について自ら「あまり頻繁ではない」と語り、「自分たち夫婦はとても忙しい」「私の友人たちもとても忙しい」と、あたかも弁解のような長い言及をおこなった。ちなみにエマの両親は、こうした集まりを「最低でも週に数回（a few times in a week at least）」はおこなっているそうだ。また5歳の子育て中であるレイラも友人家族を招いてホームパーティをひらくこと自体はしているが、その回数については「そんなに頻繁ではない」「私は週6日労働で休みが1日しかないから」と、釈明するかのように自ら語りだしていた。

この種の語りを見ていると、外部の人を毎月のように自宅に招くのは、イギリス社会ではかなり一般的な習慣である――あるいは一般的な習慣であるべきだと考えられているように思われる。それはもはや社会規範に近いものだといってもよいかもしれない。

多忙なひとり親のダニエラは、家族以外の人を呼ぶホームパーティについて、「するけども自分は外で食べるほうが好き」だと答えた。頻繁に客人を呼び、他人から見られることを常に意識しながら、額縁に入れた美しい家族写真を掲げる生活――「家族」の演出から逃れられない生活も、それはそれでしんどい部分があるかもしれない。

ひらかれた空間としてのリビング

さて、これまで見てきたイギリスのリビングの特徴や傾向は、何を意味しているのだろうか。いったん考察をまとめておきたい。

まずイギリスのリビングには、基本的に子どものモノが見あたらない。子どもの私物は周到に外部の目線から隠されているし、子どもがつくった工作や絵画の稚さをことさらに展示することもない。そのいっぽうで、家族写真は非常にフォーマルかつ本格的な額装のもとで飾られている。さらに子どもの私物に限らず、すべてのモノの置き場所が定められており、棚の外や床の上などにモノの置き場はない。家族の日常生活の雑然さをできるだけ露出させないような空間づくりが、極力意識されているように感じられる。

おそらくこういった特徴をもつイギリスのリビングとは、常に外部の人間の目にさらされることを前提とした、フォーマル性のもとにある空間なのだ。ここは身内のためだけのものではなく、いつなんどき来客があっても良いように整えておかなければならない場所なのである。

とはいえイギリスのリビングも、たしかに家族団らんのための空間ではある。写真資料にあるどのリビングにも大型のテレビが置かれており、イギリスの家族が集まってくつろぐ場所がリビングであることは疑いない。だがそこは家族団らんの場所であると同時に、外部にひらかれた応接間としての機能ももっている、ということなのだろう。イギリスの家族にとってのリビングとは完全なる私秘的な空間ではなく、ある程度の公共性を意識して、日常的に整えつづけておかなければならない場所でもあるのだ。

つまりイギリスのリビングとは、社交空間としての顔をも併せもった、家族団らんの場なのであって、決してプライバシーの壁に遮蔽された「家族のためだけの密室空間」ではないのだと考えられる。そこは外部の公共性ともつながる、オフィシャル性を残した空間なのだ。だからこそイギリスのリビングは大人の強いコントロール下に置かれており、子どもの自由意志を尊重して無制限に乱すことが許されないのだろう。

外部の大人を招かない日本の家族

いっぽうで日本のリビングはというと、そのほとんどが家族の過ごす私秘的な空間として捉えられており、社交空間としては設えられていないようだ。

実際に日本のインタビュー調査の結果を見ても、友人家族や親族などを自宅に招いて食事を共にする機会はほとんどない。「あまりしません」「食事はあまりない」「たまーにありますが、そんなの年に2回ぐらい」「年に2〜3回」「年に3〜4回」といった回答が、10件のうち5件にものぼった。また具体的な頻度は不明だが、子どもの友だちだけが「まあまあ」来るというケースが1件、同じマンションに住む仲の良い友人1名のみと「たまーに」というケースが1件あった。さらに、人が来ることについては「しょっちゅう」「けっこう」と答えながらも、食事を共にするのは3ケ月に1回というケースが1件あった。[*6]

この他、過去には頻繁におこなっていたが今は回数を減らしたりやめたりしたケースが2件あった。1件目のケースでは、以前は友人や近所の人やママ友との食事会を「月に1〜2回」おこなっていたが、「最近は子どもが中学生になり時間が合わなく」なったうえに、自身の仕事もあり機会が減ったという。2件目のケースでは、子どもが未就学の頃には「子どもの友だちとお母さんたちが一緒にごはんを食べに」来ていたが、小学生になってからは子どもの友だちだけが来るようになった。そして他家の子どもたちのために自分の家だけが夕飯を出しつづける一方的な関係に疲弊した結果、昨年の夏に我が子に頼んで「友だちを呼ぶことをやめてもらった」という。

こうして見てくると、現代日本の家族については、外からの来訪者そのものがかなり少ないという傾向を指摘できるだろう。

さらに誰が自宅を訪れるかについても、イギリスと異なる傾向が見られた。まず日本の家族のリビングに最も多く招かれていた客人は、妻自身の「親」である（10件中5件）。さらにこの5件のうち3件は「母」に限定されており、父親は含まれていなかった。

そして次に多かったのが、子どもの友だちが大人を伴わずに来るパターンである（10件中4件）。「子どもの友人が来るくらい」「大人の来客の夕食はないです」「小学校に入ると子どもだけ来ます」「子ども同士の行き来はあったが、親同士の自宅での行き来はありませんでした」といった具合に、大人の不在を明言する回答はかなり目立った。

もしも訪れる子どもが親を同伴しているのであれば、そのリビング空間は「大人同士の社交空間」としての性質もたしかに持ちうるだろう。しかし子どもたちだけの訪問であるならば、それは社交というよりも、どちらかといえば託児や子育ての延長ではなかろうか。さらに付言するならば、仮に子どもの友だちが親を伴って来る場合であっても、その親とはすなわち「お母さん」なのである。インタビュー中、友だちの父親について言明されたケースは1件もない。さらに妻自身の親が来る場合でも、その親とは多くが「母」なのである。

このように見てくると、日本のインタビュー調査から立ち現れてくるリビングの姿とは、基本的に「母と子どもの空間」なのだ。そして同時にこのリビングは、「外部から遮蔽された空間」としての性質が非常に強い。家族以外の人の目を意識して整えつづけるべき場所というよりも、子育て空間としての意味づけのほうがはるかに強いのだから、日本のリビングがイギリスと違って子どもの存在感に溢れていることは、ある意味で必然の結果といえるだろう。

日英の違いをもたらすものは何か

インタビュー調査から浮かび上がってきたのは、同じ「リビング」という空間であっても、日本とイギリスにおけるその住まわれ方や位置づけは、大きく異なっているということだ。イギリスのリビングの圧倒的なフォーマル性。そしてそれとは違うかたちをもった日本のリビング。なぜ、こんなにも違うのだろうか。

もちろんあらかじめ断っておいたように、同じ国や社会のなかでも個人個人は非常に多様だ。実際の写真資料を確認しても、日本とイギリス、それぞれのなかに、個別の差異はけっこうあった。だがひとりひとりの個性とは別に、集合体としての傾向というものもまた、調査結果からは確かに見えてきたと思う。だからこそ、ここでは個人の資質だけではなく、環境や文化の影響も考えてみたい。

まず、日本のリビングの傾向をもたらす一因として、暮らしのなかの「モノの多さ」は挙げられうるかもしれない。これは先進国の豊かさがモノを増やしたという側面だけではなく（それだけならイギリスだって同じだ）、近代化の過程で和洋折衷のライフスタイルが定着した日本ならではの事情もあるだろう。たとえば日本のキッチンやダイニングでは、和食・洋食・中華などの多様な献立に対応するため、調味料・食材・調理器具・食器のそれぞれについて、複数のレパートリーが必要となる。とはいえ、食以外についてはほぼ洋風の品ぞろえが定着しているようにも思われるので、これだけですべてを説明することは難しいだろう。

また、ここで日本の都市部の家屋の狭さを一つの要因として挙げたくなる向きもあるかもしれない。確かに調査をおこなったのは首都圏なので、土地代が高く手狭な住環境の人も少なくはない。しかしながら、今回の日本のデータには、郊外の広い戸建てに住む家族も含まれている。そしてその郊外のケースでも、本章で紹介してきたような傾向は、都心部と同じように確認できている。さらに付け加えると、今回のイギリスの調査協力者は基本的に全員が集合住宅で暮らしており、一戸建ての事例は1件もない（2軒がつながるセミデタッチドの家はあったが、一戸建てほどの広さではない）。つまり今回の調査データについては、特にイギリスの住宅が日本よりも広いという事実は見られない。日英の違いを生んでいる要因は、家の広さ以外に求められるべきなのである。

こうした事情を考えた時に、一つの重要なポイントとして注視すべきなのは、やはり家族がどれくらい外部へひらかれているかという点ではないかと思う。先ほど見たように、家族以外の人を自宅に招く習慣は、日本とイギリスで大きく異なっていた。これだけ外部からの来訪頻度が違えば、リビングのありようや意味づけは当然変わるだろう。

社交がしにくい構造

それに加えて、ここではもう一つ、日本人の「時間の貧困」についても指摘しておく必要がある。

そもそも日本社会全体の傾向として、これまで家事や育児といった無償労働には十分な価値を置いてこなかった。1章でも見てきたように、日本人の賃金労働時間は異様に長いが、これは家庭における無償労働時間が削られるだけ削られた結果といえる（品田2007）。長時間労働をはじめとする無限定な働き方が労働者に強いられる傾向も未だに強い。結果として、みんながやらない分の無償労働の負担は既婚女性のみに集中し、当事者は溺れかけている。特に仕事と家事の二重負担にひとりで追われる日本の共働きの妻たちにとっては、これ以上、リビングの片づけや来訪者の接待に時間を回す余裕などないのではないか。

2010年代には共働きの一般化とともに時短や省力化への志向が強まり、実際の家事時間も微減はしたが（1章参照）、それでもレトルトや惣菜を使った妻／母が夫や子どもから文句を言われたり、家族に「ごめんね」と謝ったりするようなエピソードは、今でもちらほらと聞こえてくる。近年の生活雑誌では、1週間ぶんのおかずの作り置きを休日にすべて済ませておこう、というコンセプトのもとで、「働くお母さん」だけに向けて書かれたノウハウ記事がしばしば紹介されているほどである。事程左様に、共働きであっても家事をするのは妻のみの役割だという先入観が、近年になっても日本には根強い。平日の家事をまとめて済ませておくために貴重な休日を慌ただしく過ごしている妻がいるとしたら、客に食事を出すどころの騒ぎではないだろう。

一部再掲になるが、日本のインタビュー調査のなかで、このように語ってくれた人がいた。「学校の友だちは、ほとんど母親が働いていて、学校のルールで誰もいない家に遊びに行ってはいけない。そうすると、娘が学校で約束をするとうちになり、ご飯も食べていく。夕飯も出すことをさんざんして、昨年の夏に友だちを呼ぶことをやめてもらった」。

この事例からも分かるように、日中を自宅で過ごせる人は、今や女性であっても少数派である。社会にとって必要な無償労働の負担が（一部の）既婚女性に集中しすぎてしまうという現状のシステムのなかでは、外部と助けあうための社交のリソースさえも、もはやカツカツなのだと思う。

　さらに、この女性は次のようにも語ってくれた。「私はひとりで子育てをして夫の帰宅は遅いし、誰も手伝ってくれない。夫は遅い、飲み会も多い。夕食の時には夫は絶対にいない、家族はそろわない」。

　そもそもの重要な前提として、日本では、平日のリビングに父親がいないことが非常に多い。２０１２年に味の素広報部がおこなった全国調査によれば、子どもが小学生以下である女性のうち、平日の夕食を「毎日母子のみ」でとる人が41・9％にも達する（野田２０１５）。これはいうまでもなく、日本の夫たちの長時間労働が原因である。そして平日の夕食時に夫が帰宅できない家族にとって、休日とは、妻が夫と／子どもが父と過ごせる数少ない貴重なチャンスなのだ。そういったタイプの家族からしてみれば、来客をもてなしている場合ではないのではないか[*7]。

　さらに、日本の夫婦はただでさえ共に過ごせる時間が少ないのに、休日であってすらも別々に過ごしている人が珍しくない（４章参照）。１週間の休みが取れたら何をしたいかの質問に対して、「夫はいなくてもいい」から子どもと旅行したいという回答が複数出てくるのも、日本ならではの特徴だ（２章参照）。平日の夫婦の時間があまりにも少なく、妻が夫の不在に慣れ切っているからだろうか。夫は夫で休日くらいは集団ならではの気づかいから逃れて、個人で楽しみたい気持ちがあるのだろうか。いずれにせよ夫婦の同伴行動が少ないとしたら、そのこと自体が家族ぐるみでの外部との社交を難しくさせている側面もあるだろう。

おそらく日本の家族にとって、家族以外の客を呼んで食事を共にするという営みは、ただ単にそういう文化的習慣がないからという事情に加えて、構造的にも困難なのだと思う。

対等な他者性の希薄な空間

さらにはその社会でよく見られる親子関係の「型」もまた、考慮すべき重要な点かもしれない。多くの先行研究で指摘されているように、子どもに対する親の立ち位置や親子の関係性のあり方は、「自然」や「本能」によって決まるのではなく、社会によって大きく変化する。現代日本のリビングの「住まわれ方」にも、日本の親子関係のあり方が反映されている部分はあるのではないか。

これまで写真資料で見てきたように、日本のリビングはイギリスと比べて、「他者に住まいをどう見せるか、どう見せたいか」という点において、あまり成人のコントロール下には置かれていないように感じられる。成人同士の社交の場として使われることが少ないため、そもそもが外部の目にさらされる空間としては想定されていないし、何なら夫すらも不在がちなので、もはや2人以上の大人がリビング内に収容されている時間そのものが少ないと言っていい。結果として、日本では家族が時間を共有するための空間が、事実上、子どもの空間になっている。

このような傾向をもつ日本のリビングは、成人が対等な誰かに対して自らの主体性を発揮する場所にはなっておらず、むしろ世話し世話される非対称な、そして一体的な母子関係が強調されやすい空間だとはいえないだろうか。[*8] 子育てが「家族の責任」、とりわけ「母親の責任」とされがちな現代日本の社会背景のもと、あたかもその傾向をうつしだすかのように、日本のリビングには外界からの介入も援助も、外界との社交も期待されていない。そして父親はずっと仕事でいない。母と子は外部の目の届かない遮蔽空間で閉じていることを許されているし、遮蔽空間のなかに閉じるしかない。そうして母子は一体となっていく。妻が維持・管理する日本のリビングにおいて、空間が子どもの私物によって占有されていく様子は象徴的だ。

フォーマルな社交場としての性質が弱く、もっぱら子育ての空間となっている日本のリビングからは、他者性の希薄さが印象に残る。だがこれはたぶん日本社会のありようが母親に許容する主体性の希薄さの、写し鏡でもあるのだろう。そしてまたこの希薄さは、ケアの負担を家族にばかり丸投げしつづけている、私たちの社会の鏡像でもあるのだと思う。

日本のリビング――社交から離脱した母子の空間

すでに見たように、日本のリビングの一つの典型は、身内以外の大人から見られる可能性を日常的にもたない、社交の機能を有しないリビングである。これはイギリスのリビングが社交のためのフォーマル性を強くキープしていることとは対照的だ。

もちろんP・アリエスらが指摘したように、西欧近代においても「社交の衰退」や「プライバシーの成立」は起きている（アリエス1980、落合1989）。ただ現代イギリスのリビングのなかには、現代風にアレンジされた社交のかたちがある面では根強く維持されているようにも思えるのだ。それは中世や近世において重視されてきた地縁にもとづくものではなく、個人が選ぶ「選択縁」（上野1994）として、家族以外の他者との間で継続的におこなう社交である。選択縁が家族の外だけではなく、内側にも入ってくるのがイギリスの特徴だ。

他方で現代日本の家族の住まいは、イギリスよりもいっそう徹底的に、社交の要素を消してきたのかもしれない。だが社交とはすなわちsocializingであることを考えるならば、現代日本の家族のなかではsocialなものの存在を意識する機会が、構造的に少なくなっているのだともいえまいか。

遮蔽された空間で家族のみに閉じられた子育ては、外の世界からは守られるかもしれないけれども、外の世界からの手助けも、外の世界への逃げ場もない。日本の社会レベルでの子育ての困難さというのは、案外こういった日常のさりげなさともつながっているのではないかと思う。

注

＊1　ただし当時の妻たちはこの空間に「閉じこめられていた」という側面もある（西川1996、上野2002）。1970年代半ばとは、高度経済成長期を経て既婚女性の主婦化が進み、日本の女性の労働力率が最も低くなっていた時期である。またこの頃は女性の就労に対する法的・制度的な権利保障もなく、「妻は家庭に入るべき」という社会規範は極めて強烈だった。

＊2　写真の公開のみ不可の方が1名いたが、分析自体には10件すべてを使用している。

＊3　この家に暮らすのは多忙なシングルマザーである。

＊4　なお、この家に暮らすのはアジア系の家族である。実際にイギリスでの訪問調査をおこなった品田によると、イギリスの調査のなかで子どものおもちゃが飾られていたのはこれ1例のみで、珍しかったため印象に残ったという。

＊5　この2人はいずれも両親がイギリス国外に住んでいる。

＊6　この3ケ月に1度という回数は、イギリスであればかなり少ないとされるだろうが、これに対する弁解や釈明、引け目のような語り口はまったく見られなかった。3ケ月に1度というのは、日本では十分に「多い」と見なされる回数なのではないだろうか。

＊7　リビングに飾られる子どもの作品には、平日不在の父親に対して、少しでも子どもの息づかいを感じてもらうための役割もあるのかもしれない。

＊8　なおイギリスでは乳幼児の時点から親子別室が珍しくなく、成人した子どもはすぐに実家を出るのが伝統である（トッド1992）。イギリスのリビングが子どもの自由さに浸食されず、親の強いコントロール下にありつづけられるのも、親と子を別人格として弁別し、親の主体性を確保する思考様式と、何かしらの関係があるのかもしれない。

4

「郊外」から考える「家族」と「幸福」の物語

水無田気流

「空虚な郊外」論

個人的なことで恐縮だが、私は社会学者としてよりも先に現代詩人として、「郊外」について書いている。
先カンブリア時代の海中から、近未来世界の1047階にある産院で産まれる「生」まで書いた後、個人史になぞらえて「こうがいがたしんこうじゅうたくち」の生も加えた「ライフ・ヒストリー」という作品で、第一詩集所収である。一部抜粋する。

わたしがうまれたのは
にほんこくかながわけんべっどたうん
こうがいがたしんこうじゅうたくち
ぽすと
こうどせいちょうき
りょうさんがたかぞく

ぜんそくとあとぴーのどうきゅうせい
こうりつしょうがっこう
こうりつちゅうがっこう
こうりつこうとうがっこう

私は生まれた
大量生産された希望と
大量生産された生活史と
大量廃棄された死体の上に

私が生まれた
ディアスポラ・サイエンス時代に
ディスプレイ・パノプティコン時代に
デジタル形而上学時代に
DNΛ倫理学時代に

私は生まれた

とりたてて　これといって

特徴のない、生

私　は

（「ライフ・ヒストリー」部分『音速平和』より）

今読み返しても、生硬で気恥ずかしい初期作品の一つなのだが、「生命史／生活史」を問い直すとき、郊外の核家族世帯出身で団塊ジュニア世代とほぼ同じ年齢層、自分は「量産型」の子どもたちのひとり……ということは、書き留めておきたかった。

思うに、この作品は私見では「空虚な郊外」と呼ぶ系譜に属している。固有の風土性を取り払われた無機質かつ機能的な住宅街、あるいは90年代以降増えて来た「ショートケーキハウス」と呼ばれる疑似西欧的な建売住宅が並ぶ住宅街の「内実の空虚さ」を指摘する論考や、それらを題材にした文芸作品などが該当する。代表的なものが、三浦展（2004）の「ファスト風土」[*1]や、若林幹夫（2007）による次のような指摘であろう。

近郊の農地や山林を切り開き、他所からやってきた都市勤労者世帯のために家々が立ち並ぶ郊外には、そこに暮らす人びとにそもそも共有された歴史も伝統も、よってたつべき共通の文化や風土も存在しない。一九六〇年代から七〇年代の大都市周辺に作られた箱型の団地や、丘陵や畑を造成した分譲地に建てられた建売住宅は、そのあからさまな装飾のなさや機能性によって、郊外住宅地やニュータウンの歴史や伝統のなさをはっきりと示していた。

それに対して多摩ニュータウンのポストモダンな団地や、色とりどりの可愛らしいショートケーキハウスは、そのデザインの過剰さによって、実用本位で味も素っ気もなかったかつての団地や建売住宅に対するアンチテーゼを提示しているようにみえる。（中略）まるで模型のようなその景観デザインや紋切り型の可愛さの演出は、そもそもなんの歴史的な記憶も伝統も文化ももたないがゆえに、そうした記号やイメージを欲望してやまない、郊外という場所と社会の根無し草性を示しているのではないだろうか？

「根無し草」という言葉に象徴される、郊外特有の喪失感が散見される指摘である。さて郊外とは、近代化にともなう工業化・都市化に付随した居住空間である。近代人特有の「喪失」の様態について論じた著名な言説には、たとえばマルティン・ハイデガーの「故郷喪失（Heimatlosigkeit）」（M.Heidegger）がある。ハイデガーによれば、現代人の「存在忘却」の様態とともに故郷喪失が世界の運命となる。生まれ故郷の「大地」から離れると同時に、人が「住まうこと」そのものへの変質が看取される、と。

さらにハイデガーは、近代社会の特性を、あらゆるものごとを「役立つもの」として徴用する「ゲーシュテル（Ge-stell）」と論じた。この術語は通常「集-立」「縦組み」「総駆り立て体制」などと訳される。技術が人間を生産活動に駆り立て、人間は自然を利用するよう仕向けられていく体制が、あらゆるものを「徴発する」という含意である。

生産性向上を至上命題とする工業化にともない、社会の再生産を担う「郊外化」が派生したのは、必然的ともいえる。だがこれに空虚さや不安を覚える言説は、どこから生まれたのか。いっぽうで、「幸福な家庭生活」の舞台装置として称揚される「郊外」と、これら「空虚な郊外」言説は、なぜ並置されてきたのか。

「郊外」の源流

あらためて、「郊外」とは何か。一般的には「郊外（suburb）」という語は、その成り立ちからして「都市的なもの」を意味する「urban」に、接頭辞「ｓｕｂ（○○の下位の、○○の副次的な）」を冠したものであり、いわば「都市の裏庭」のような位置づけとされている。

近代化・工業化にともない都市化（urbanisation）が起こると、中心業務地域としての都市部の周縁には、生活空間としての郊外を派生させる必要性に迫られる。「居住地として快適で魅力的な郊外」を最初に提唱したのは、周知のようにイギリスの社会改良家エベネザー・ハワードである。彼は『明日の田園都市』で、合理的で快適な「田園都市（ガーデンシティ）」構想を論じ、実際にロンドン郊外のレッチワース以下の田園都市を着工した。職住隣接かつ緑に囲まれた快適な郊外像の起源はここにある。

ハワードは、一九世紀末にイギリス都市部が抱えていた問題を、資本主義の隆盛と工業化にともなう様々な都市問題、たとえば大気汚染をはじめとする住環境の悪化、過密化、スラム化等を解消すべく、社会改良のための実践的な手法として郊外の「田園都市」を構想した。同書では、都市の利便性と農村の緑豊かな住環境の利点を兼ね備えた「豊かな田園都市」を造営する基盤として、農用地が田園都市化により地代が引き上げられ、それに伴う自治体の歳入増が期待できるとも論じられている。

多数の人口が存在することで土地に追加の価値がたくさん与えられるなら、どこかの地域に十分なだけの人口が移住すれば、その移住先の地価は、それに対応する増加が伴うのは確実だ。そして多少の先見性と事前の調整があれば、その価値の増分は、移住してきた人々の所有物にできるだろう。（新訳『明日の田園都市』）

次いでハワードは次のように推察する。それまで農用地に使用されてきた安価な土地を田園都市にする場合、ほとんど白紙の状態から設計図を引くことができるので、優秀なエンジニアがいれば、上下水道をはじめとする都市インフラは問題なく作成されるはずである。農家の人々も、付近に田園都市が出来ればそれは巨大な農産物の消費地となるので、大いに利益がある。輸送費用は安くなり、下水処理システムの水準が向上するので農業生産性もまた向上し、小農地が増え農用地の地代も上がるはずである、と。

この「田園都市」構想の変遷について、金子淳（2017）は、次のように詳解する。[*2]ハワードの田園都市構想は、その後イギリスではレッチワース、ウェルウィン建設で実現し、アメリカではニューヨーク郊外のフォレスト・ヒルズ・ガーデンや、サニー・サイド・ガーデンズ、ドイツではドレスデン郊外のヘレラウ、ベルリン近郊のファンケンベルク、フランスではパリ近郊のシュレンヌなどが建設された。

その後イギリスでは、第二次世界大戦後の復興とロンドンの人口集中抑制のため、一九四四年に「大ロンドン計画」が策定される。同計画では、ロンドンを同心円状に①既成市街地、②郊外地帯、③グリーンベルト、④周辺地帯に区分し、都心から二、三十キロ圏のグリーンベルトでは、都市の拡張を抑止するため開発を抑制した。ロンドンへの人口の一極集中を避け、他の周辺地帯の都市の拡張と新都市建設を行って人口の分散を図ったのである。このようにして、スティーブニッジやハーロウなど、戦後のイギリスでは「ニュータウン」が建造されていった。

しかしながら、この「田園都市的郊外」は、結論から言えば日本では具現化されなかったといえる。次節では、この「日本型郊外」の特性について詳解したい。

日本の郊外計画の特性

日本では1907（明治40）年から、レッチワースの建設開始後に内閣府地方局有志らによりイギリスの田園都市理念が国内に紹介されていた。当時すでに都市化にともなう住環境の悪化が問題視されるようになり、土地開発会社や鉄道会社の経営者は田園都市構想に関心を持ち、大阪の池田室町住宅地や、東京の田園調布の前身である多摩川台住宅地などの閑静な「高級住宅街」が開発されたが、地価の高さから日本の郊外住宅地の主流とはならなかった。

その後、戦後の高度成長期（１９５５〜１９７３年）以降都市圏への大幅な人口流入に対応すべく、公営住宅の建造を基軸とした行政主導の郊外住宅地開発事業が推進されていく。日本のニュータウン政策はこの戦後の社会変化を背景にしたものである。高度成長期に日本の主要産業は第一次産業から第二次産業、その後は第三次産業へと移行し、人口の都市部への集中が加速した。

たとえば、「国勢調査」の「14歳以上就業者数」から産業別就業者割合の推移を見ると、１９５０年時点で農林漁業従事者は48・５％、製造業15・８％、サービス業９・２％であったが、１９７０年に農林漁業19・２％、製造業26・１％、サービス業14・６％となっている。また、１９５０年に第一次産業従事者は48・６％、第二次産業21・８％、第三次産業29・６％が、１９７０年には第一次産業19・３％、第二次産業34・１％、第三次産業46・６％となっている。

人口も、１９５０年には東京圏・名古屋圏・大阪圏の三大都市圏に日本の人口の34・0％が居住していたが、１９７０年には46・１％となり、日本の人口の半数近くが居住するようになった。

このように1950年代半ばから70年代はじめまでの高度成長期において、都市部への若年層を中心とした新規流入人口が急増した。この層の多くが「郊外に建設された大規模な住宅地」に居住し、次世代を産み育てていった。中心業務地域で就業する被雇用者の増加は、必然的に職住分離型の生活スタイルを生む。

この過程で建造された「日本的なニュータウン」について、金子は次のように指摘する。「異常なほどの人口急増と深刻な住宅難という差し迫った社会問題を前にして、経済効率と生産性向上を最優先させる政策のなかから生み出されたものであり、そのため職住近接や自然環境保護などほかの条件を犠牲にすることで成り立ってきたのである」と。

戦後日本の大都市圏の郊外住宅地は、どのような計画を元に建造されていったのか。第一次首都圏基本計画（1958年）の基盤となった首都圏整備法（1956年）は、前節の大ロンドン計画のグリーンベルト構想をモデルにしていたが、関連自治体や現地の地権者などの反対により計画は頓挫し、無秩序なスプロール現象が起こった。その後65年の首都圏整備法改正により、グリーンベルト構想は放棄されてしまった。

しかも田園都市構想の中核となる職住近接も東京都では退けられ、結果的に職住分離と無秩序な郊外開発が同時に進行した。このような過程を経て、日本では「本家」イギリスの田園都市構想や郊外型ニュータウンとは全く異なる独自の郊外住宅地が展開することとなった。

この点について、金子は次のように指摘する。「都市と農村の双方の長所を兼ね備えた職住近接型の都市として構想された田園都市の理念は、日本に移入されるや、職住近接という理念を欠き、近くに雇用の場が少ないために長時間電車に揺られて大都市に通勤する、単なるベッドタウンとして開発されることになるのである」と。さらに日本の場合、イギリスのようにニュータウン制度を明確に示した法制度も確立されず、宅地開発の事業手法を規定するものとして位置づけられてきたという[*3]。

改めて「ベッドタウン」という和製英語[*4]を再考すると、「通勤労働者目線」でありかつ「計画者目線」であることに気づく。日本で「ベッドタウン」としての郊外住宅地が盛んに造営された1960年代から70年代は、男性を中心に就業者が雇用労働者化（＝サラリーマン化）していった時期であり、同時に女性の家事専業者化（＝専業主婦化）が進んだ時期でもある。ほぼ寝るためだけに帰宅する「サラリーマンの夫」不在の平日昼間、郊外住宅地は女性と子どもが「主役」のはずだが、その点は名称上忘却されているようにも見える。

以上述べてきたように、無秩序な都市の膨張を事実上容認した「日本の郊外」は、このように多大な問題を孕みながらも高度成長期には人口の揺籃として貢献した。行政やディベロッパー、鉄道会社などにとっては経済効率優先の開発であったが、当の住人にとってはどうだったのか。

「幸福な家庭生活」と郊外

「郊外の戸建て」は、戦後昭和に都市部に流入した人々にとって、目指す住居の「上り」であった。建築家・上田篤が1973年に朝日新聞に発表した「現代住宅双六」では、「ベビーベッド」から「川の字」で両親と同室で雑魚寝から、「寮・寄宿舎」「すみこみ」「飯場・ドヤ」「橋の下・仮小屋」「下宿」などを経て、「公団単身者アパート」「長屋町家」等単身労働者向け住宅から、「社宅」「公団の公社アパート」「賃貸マンション」「分譲マンション」など家族向け住居を経て、最終的に「庭つき郊外一戸建住宅」（「上り」）となる。

地域ブランドと地価を上昇させるための「装置」としての郊外のニュータウンは、「幸福で豊かな家庭生活」のイメージを醸成することが涵養であり、現在でも郊外住宅地の広告は緑豊かな陽光溢れる写真が中心となっている。西川祐子（2004）は、「全国のニュータウンが、イメージシンボルとして緑と太陽を強調している」ため、「南面の部屋には太陽がさんさんと降り注いでいなければならない」し、「緑化も熱心に取り組まれている」という。そして、「ニュータウンは明るく、楽しく、健全な『家庭』の容器の集合である。『家庭』には専業主婦がいなければならない」と指摘する。

前節で述べたように、ハワードの「田園都市」に範をとった日本のニュータウンだが、元のイギリス型田園都市とはほぼ別物といって良いものになった。ただしこのイギリス型田園都市は、郊外住宅地の「イメージモデル」として採用され、現在まで至っている。それらの矛盾は、現実の日本の家庭生活においてどのように折り合いをつけられてきたのだろうか。

イギリス型郊外のようなグリーンベルトもなく、ひたすら延び広がろうとする無秩序な郊外では、屋外の景観もまた無秩序なものにならざるを得ない。ただ、高度成長期の郊外住宅地の家庭生活は、とりわけ女性にとっては伝統的な農村共同体型家制度からの解放という利点もあった。

農村の家制度の中では、「嫁」の立場の女性は、婚家で夫が義父から戸主権を譲り受けると、義母から主婦としての差配を譲られる。これを俗に姑が嫁に「シャモジを渡す」ということからも、家庭内の食料の分配はもともと女性たちが担ってきた。郊外型核家族世帯は、この儀礼を必要とせず、主婦が最初から自分の裁量で家事を取り仕切ることを前提としていた。

郊外住宅地の一部を切り取った広告写真は美しいが、現実の「日本型郊外」の街並は上述したように無秩序な発展を遂げたものが多く、自宅の外部に広がる景観までも思い通りに整えることは難しいだろう。だが、料理は家事従事者の創意工夫でいくらでも豊かな家庭生活を演出可能である。おそらくは、この「日本型郊外」の特性もまた、次節で考察する料理中心の家事観に影響を与えているのではないか。

調査結果から見た「日本の郊外家庭生活」

上述してきた複合的な要素から、日本の「家庭」は一家団らんの家庭関連消費の中でも、とくに「食卓中心」となっていったことが推測される。本書執筆のための参考資料として、東京の都心、市部（郊外）、地方、ロンドンの都心、郊外等のスーパーマーケットに置かれた家事関連書籍を調査・分類したところ、大枠でロンドンは「ガーデニング」「DIY」「インテリア」等のジャンルが多く、料理レシピ本はほとんど見られなかったのに対し、東京では「料理」が多数派を占め、とりわけ市部（郊外）では「弁当レシピ」が多数置かれているのが特徴的であった。

いっぽう、食卓中心主義の日本型家庭生活像は、家庭の外部や近隣のコミュニティとの接触機会を乏しくするという傾向も指摘できる。3章で述べられたように、イギリスでの「家事」がインテリアなど「人を招く」ことを前提としているのに対し、日本人の住宅はつねに家にいる時間の長い女性や子ども中心の配置となっている。

主として男性中心の被雇用者にとって、郊外の自宅周辺はただ寝るためだけの町《ベッドタウン》となり、彼らのコミュニティへの帰属意識もきわめて低い。

家族世帯で女性が中心となってソーシャルキャピタルを築いている郊外住宅地などは、男性や未婚者には居心地の悪いものとなっているという指摘もある。

東京とイギリスのインタビュー調査を比較すると、ロンドン郊外居住者の方が概ね夫の帰宅時間が早く、生活満足度も高い印象を受けた。たとえば、ロンドンの郊外地域在住の女性（「キャシー」・専業主婦、子ども2人）の夫は「研究職で時間外労働はしない」ので平日は毎日夕方18時半頃に帰宅し、夕食は毎日家族でとっているという。彼女は今後は復職の意思もあり、居住地の都心へのアクセスの良さもあってか今後の求職にも不安はないようであった。

いっぽう、日本の東京都郊外在住の女性（「久美子」・非正規、子ども２人）は、「平日は夫不在の夕食、場合によって朝食も夫不在」で、夫は趣味の登山のため休日も不在のことが多いという。子どもは２人で、以前は３人ほしかったが「２人目を産んだ後２歳違いで大変で、これは無理だと、ひしひしと感じて諦めました。時間と体力、自分がここまでやってあげたいという理想に対して体がついていかない、２人目の時に理想と現実の差が顕著でした」等、家事・育児の大変さを語るのが印象的だった。

同じく郊外在住の女性（「智子」・自営業とパート兼職、子ども２人）は、複数の仕事を掛け持ちしながら平日の家事・育児はほとんど彼女が担っていた。本人は自分の好きな自営業の仕事をしている点で生活に満足している印象ではあったが、家事・育児を優先して平日の仕事をきめ細かく配分しており、タイムマネジメント能力の高さゆえの生活ペースを看取した。

村落地域の新興住宅地在住の女性（「望」・請負業、子ども２人）は、「ここは子どもが少なく高齢化した地域です。祖父母に預かってもらえるので、小学校、幼稚園の授業参観で下の子を連れてきている親がいないことに驚いた。私だけが下の子を連れていたら、みんなから同情された。主人ともケンカになりました。主人が自分の会社のそばが良いので、ここに家を買った。私は両親の手伝いを頼める自分の実家の近くに住みたかった。みなが私のような状況なら頑張れるが、私以外のみなは子どもを預けて気軽にランチに行っている。私以外はみんなで子育てをしている感じです。私はひとりで子育てをして夫の帰宅は遅いし、誰も手伝ってくれない」というように、旧来の地縁があることを前提とした地域に、新規流入者として住んだ場合の問題も浮き彫りになった。

同じく村落地域在住の女性（「樹里」・派遣、子ども2人）は、平日は「夫は毎朝早く出ます。帰宅は遅いか泊りです」「全くいないんです。下の子からの質問で『今日、家にパパ来る？』という感じです。（笑）」「夫は休みをとりません。連休があれば奇跡的、連休が長期（休暇）です。正月も休めない」などと、「夫不在」が顕著であった。

以上のように、総じて日本の東京都郊外ならびに村落地域在住で夫が被雇用者の場合、長時間労働のため平日「夫不在」が一般的であり、日常的な家事・育児（子どもたちの学校行事参加のための時間調整や習い事の送り迎えも含む）は妻が担うのが特性という、「郊外型家庭生活」の性別分業が再認された結果となった。

これらは極めて一般的な家庭生活像ともいえるが、「主婦」として暮らす女性には、日常的に細かな不満（時間のなさや家事・育児負担の重さなど）が残る生活風景でもある。これらは、郊外の家庭生活を「内側」から眺める視点といえる。

「郊外文学」と場所感情

冒頭で述べたような、郊外に関する「幸福」と「よそよそしさ」が混在した感情の源泉は、どこからくるのだろうか。人は通常、自らが住まう場所に感情的な愛着を感じる。イーフー・トゥアン（1974）はこれを「トポフィリア（場所愛）」と呼び、反対に恐怖感を与えるような場所を「トポフォビア（場所恐怖）」と呼んだ。トゥアンによれば、「トポフィリア」とは「物質的環境と人間との情緒的なつながりをすべて含むように広く定義できる」点に利便性があり、それは「審美的」「触覚的」なものから「故郷」「思い出」「生計を立てる手段」等のさまざまな理由から「人が場所に対してもつ感覚」を包括的に示す語である。ゆえに「トポフィリアは、人間の感情で最も強いものではない。だが、それがわれわれの心を動かすとき、場所や環境は、感情に満ちた出来事を担ったり、あるいは象徴として知覚されるのだ」と。さらに、人はその場所をよく知り身に馴染んだときに、そこは「空間（space）」から有意味な「場所（place）」になる、とも述べている。

近代化以降、人は自らの出自であった土地を離れ、就学や就業などの社会縁を辿り移動し住まうことが一般化した。同時に場所性もまた旧来の住人だけで構成される訳ではなく、旧来の地縁をもつ人たちと新規住民の混成によるコミュニティの様態が一般化した。このような状況から、「故郷」と「異郷」との垣根が低くなり、たとえ住み慣れた場所に居ても居心地の悪さを感じることを、ジャン＝リュック・ナンシー（2006）は「異郷化（dépaysement）」と呼んだ。[*5]

これら先行研究を背景に、ある場所に関して人間が抱く感情一般を、私は「場所感情」と呼びたい。[*6] 場所への「愛情」「恐怖」「よそよそしさ」等は、これらに起因している。場所感情は、個人的なものから集団的なものまで幅広く表現される。たとえば「故郷への郷愁の念」や、「郷土愛」等と語られるものも、基点は人間の感情である。

場所感情は、しばしば文学作品における主要なテーマとなり、また特定の場所感情を前提に作品が構築される場合も少なくない。ミハイル・バフチン（1973）は文学に表現される「時間的関係」と「空間的関係」の相互連関を、「クロノトポス（Chronotope：時空間）」と呼んだ。本来多様でばらばらであった歴史的事象の時間・空間の局面だが、「それに対応して［文学が］つくり上げてきたのも、現実のうちからみずからのものとした局面を反映し芸術的に精錬するのに適したジャンルの方法である」と。

戦後日本社会の家族の変遷を文芸評論の観点から描いた代表的な作品としては、江藤淳『成熟と喪失――〝母〟の崩壊』（１９８８）がある。同書は小島信夫『抱擁家族』や遠藤周作『私のもの』などの作品を詳解し、旧来の日本の農村社会的な「母」が戦後昭和の工業化の中で解体していく過程を描いた。

私見では、江藤の描く土着的な「母」なるものへの愛着様式の解体と再編が、戦後日本社会における（主として男性の）成熟（＝母の喪失）と併走して描かれて来たという「物語」への視座には大きなねじれがある。

第一次産業が主軸であった１９５０年代以前の「村落共同体型家族」は生産単位としての側面が強く、母子未分化な原初的一体感やそれを基盤とした情緒的紐帯という視座は、江藤をはじめとした戦後家族の理想像を「学習」した以降の作家（＝「第三の新人」以降の世代）によってはじめて獲得し得たものといえる。極めて大づかみに述べるのであれば、江藤は戦後社会の視座からしか見えないものを「戦前の母＝土着性」に見るかのようであり、それはあらかじめ失われていたシンボルの現前化を試みる行為のようにも見える。

ただ、この江藤の指摘はその後日本の家族の変遷を文芸評論の立場から解析する手法として大きな指針を示した。江藤の分析視角を引き継ぎ、小田光雄（２０００）は、日本の近代化と第二次世界大戦後の社会変化がもたらした現代文学の一形態として「郊外文学」が誕生したと指摘する。
転機となったのは1970年代であり、この時期にこれまで農村地域であった郊外に流入した新住民が旧住民の農家の割合を上回り、「混住社会」が到来した。消費社会化とともに商業集積地が駅前からロードサイドの大規模ショッピングセンターなどに移り、家族生活もライフコースもサラリーマン家庭を前提とした「均一的な生活様式」と「中流意識」が普及した。小田は、戦後社会と郊外文学の誕生について、次のように指摘する。

近代は大きな物語の時代でした。戦前は富国強兵、殖産興業、立身出世といったいろいろなキーワードがあったし、戦後には、高度成長、経済大国といった目標があったわけですが、一九七〇年代前半にだいたいそれらが達成されてしまった。そうすると、大きいテーマが周りからなくなってしまい、文学の世界でも日常生活の小さな物語を描くということが始まったと考えられます。そしてそのときに、その日常生活の小さな物語の場所としての郊外が、なにか奇妙でいままでとは違う戦後的空間だという認識が出てきたのではないでしょうか。（「郊外文学の発生」）

均質的な生活への忌避感の代表例として、小田は安部公房『燃えつきた地図』（1967）をとりあげる。団地に住む34歳の「販売拡張課長」の男性が六ケ月前に失踪し、探索を依頼された探偵の視点から、団地の均質的な風景が不気味なものとして描かれて行く物語だ。

私見では、まさに大規模な郊外型団地が創建されていった1960年代当時、住民としてではなく「訪問者」の視点を借りて団地の不穏さや、「失踪」に修練される「個の消失」が描かれたのは先進的であった。

たとえば60年に製作された啓発映像「団地への招待」（日経映像）では、59年に竣工された大型総合団地であるひばりが丘団地に新しく入居する若い夫婦（語り手は妻）の目線から、団地生活への夢や憧れが語られる。

いわゆる「51C型」と呼ばれる2DKの狭い間取りの中、電気冷蔵庫、洗濯機、テレビ、オーディオ機器が所狭しと置かれ、キッチンに風呂と水洗トイレ（和式）が完備された住居を、語り手はしきりに「近代的」「先進的」「合理的」と褒め称える。

この新しい団地型生活様式は当時若年層を中心に憧れられ、「団地族」という言葉も登場した。この何もかも新しい消費生活を詰め込んだ生活を、「快適」「幸福」と結びつける言説に抗したのが、安部公房の「失踪」文学であったともいえる。

他方、旧来の農家の目線から郊外住宅地化していく農村地帯を描いた作品として、小田は立松和平の『遠雷』（1980）を取り上げる。舞台は栃木県宇都宮市で、主人公の青年・満夫一家は住宅団地と工業団地開発により土地を手放し、残ったわずかな土地のビニールハウスでトマトを育てている。そのビニールハウスの合間からコンクリートの巨大な団地が見える景観はかつてとは大きく異なり、若い新住民たちも多数流入して来た。何かもが変わってしまったその場所で、「昔から変わらないのは山だけ」となった。満夫も両親も土地を手放す条件として製菓工場で雇われたが、工業型の働き方に馴染めず、また土地を売却した金が「通帳にうなっていた」ので我慢して働くこともないと3人とも仕事を辞めてしまった。

私見では、銀行員である満夫の兄・哲夫の助言が、つねに経済合理性のみで語られているのに対し、満夫の置かれた状況がそれでは解決し得ない問題の集積である点が興味深い。たとえば土地の買収がもちかけられたとき、哲夫は「高く売れるのなら売ったほうがいい」というが、当の満夫たちは村中が買収に応じる中、1軒だけ我を張ることができないという理由で土地を手放す。農村共同体の強固な同調圧力は、解体の際にも強力に作用するのである。

急速に土地と農業生産という文字通り「地に足のついた」仕事を失い、対価として多額の金を得た満夫一家は、農村共同体的な紐帯と規範を失い、急速な消費社会化の中でただ欲望に任せて消費に溺れ、やがて一家は父親の浮気と家出などを経て解体して行く。経済成長と消費社会化、郊外化の最中、経済成長至上主義の犠牲者となった旧住民の側から郊外を描いた作品といえる。

ただ、このように「土地を売却する側」の目線から郊外を描いた作品は、相対的に稀少である。上述したように、戦後昭和は急速な工業化と人口移動のため、多数派の郊外文学は「土地や住居を購入する側」から描かれているのが特徴ともいえるからだ。

安い郊外

あらゆる家族関連消費の中でも、最大の買い物は、住宅であろう。日本の住宅は建てられてから取り壊されるまでの年数が平均30年と短く、事実上一世代しか保たない。いわゆる「サラリーマン一生の買い物」と呼ばれるゆえんであるが、背景には中古住宅市場の未成熟や新築中心の新規住居販売市場、さらには新築を前提にした税制度等があげられる。

それゆえ戦後日本で都市部への流入者たちが住居費の重い負担を避けるための選択として選んだのは、地価の安い郊外住宅地であった。この「安い郊外」という実相を端的に取り上げた秀作は、女性作家によるものが多い。前節で引いた小田は、富岡多恵子『波うつ土地』（1983）や、桐野夏生『OUT』（1997）などを取り上げ、郊外の可能性の一つとして「女性が解放されたこと」と指摘する。「郊外では新しく移り住んできた核家族が主体になるので、地縁、血縁の締めつけ」がなく、嫁ではなく「妻として」生きられる。女性が自立できる場として郊外が位置づけられている、と。

私見では、たしかに高度成長期を中心に既婚女性が農村共同体の「農家の嫁」モデルから「サラリーマンの妻」モデルへと移行したことによる家制度からの解放は大きな意味をもつ。ただしそれは、大きく次の三点の問題を内包していた。

第一に、郊外住宅地に住む新住民は主として既婚女性中心であり、未婚女性など家族への「所属」のない女性は無視されてきた点。第二に、自営業者・家業従事者が減少し中相対的にサラリーマン世帯が増加した結果、男性の通勤労働者が増加し、「郊外住宅地のサラリーマン世帯」での夫婦の日常生活は、平日昼間を中心として生活時間・空間の齟齬を生んだ点。第三に――これが最も大きな問題かも知れないが――、戦後の郊外住宅地造営の背景にあるジェンダー観では、女性の社会性や経済的自立が軽視され事実上消費者としての側面ばかりが重視されて来たが、90年代以降の景気低迷により家庭生活を成り立たせてきた経済的基盤そのものが揺らいでしまった点。以上である。

さて、一般に中心業務地帯から離れた郊外住宅地ほど土地価格が安く、それゆえ通勤に時間がかかることとなる。こうして、「安くて都心から遠い郊外」ほど平日昼間は既婚女性と子どもたちだけがいる空間となっていく。

上述した富岡の『波うつ土地』の主人公は郊外（M市とあるがおそらくは東京都町田市）に越してきた44歳の主婦だが、近隣の住宅地を「コンクリートの箱の村」と表現する。その住宅地はもともと丘陵や林だったが、「都会からおしよせてきたヒトをのせて、波は大きくうねっているのだ」と。

彼女も5年前に押しよせてきたように、多くの人が家を建てるのは、「たんにまだ土地が安いという理由」だからだ、と。そこでは、車がないと生活できない。その郊外地で、主人公は知り合った2歳年下の既婚者の男性に関心をもち、上手く会話が続かないからとあっさり男女の関係になる。「戦争もつらいけど平和もつらいわよ」という台詞が象徴するように、何も起きない均質的な生活空間への閉塞感と倦怠が漂う小説である。

彼女は、ふとした会話の中から相手のバックグラウンドを探り合う、新住民ばかりのコミュニティについて考える。さらに「『私的』なこと」って何だろうと自問するように、普段夫が不在であっても郊外の主婦が「個人」にはなれない状況もまた示唆される。

もっとも安かったはずの郊外も、ポストバブル期には夫婦のリストラや就業継続の困難などにより、家計の負担になっていく。上述した桐野『ＯＵＴ』は典型的な「郊外型家族からの転落」を描く作品だ。

主要登場人物は武蔵村山市の弁当工場で深夜にパート就業する４人の女性であり、主人公の雅子は43歳で、以前は信用金庫の優秀な社員だったが職場で理不尽な目に遭い退職し、パート就労に出るようになった。他にも、義母の介護を抱えるシングルマザーや多重債務に悩む借金漬けの女性、夫のＤＶに悩む女性が登場する。

ここで働いているのは、「ほとんどは四十代、五十代の主婦パート」で、三分の一はブラジル人（彼らは男女半々）だ。１９９０年の入管法改正で日系人の就労が合法化されたことを背景に、「移民」と「中高年主婦」が同じ非正規雇用市場で働くようになっている。

冒頭、雅子は弁当工場に出勤した瞬間、《帰りたい》という言葉が頭に浮かぶ。「どこに帰りたくてそんな言葉が生まれるのかわからなかった。今出てきたばかりの家でないことは確かだ。なぜ、家に帰りたくないのか。いったいどこに帰るというのか」。

郊外のマイホームに住み、郊外の工場で働く彼女の「望郷」はどこから来るのか。旧来の「普通の生活」だろうか。もっとも物語は、主婦パート仲間で夫のＤＶに悩む女性が思いあまって夫を殺害し、3人の仲間とその死体を解体遺棄することに手を染めてから、どんどん「普通」から遠ざかって行く。

収入減から、住居費を切り詰めるために郊外に「都落ち」する物語としては、篠田節子『コミュニティ』(2006)がある。

主人公の広江は、息子・匠のアトピー性皮膚炎と気管支喘息治療のため頻繁に勤務先の会社で休暇を取らねばならなくなり、やがて業績悪化を理由に退職を求められる。夫和則と4200万円で購入したマンションは、高速道路を見下ろす立地が匠のアトピーには良くないと思ったのと、何より収入激減のため、3人は郊外の家賃の安い公社住宅に転居する。築35年のエレベーターもついてはいない団地で、入居者もまばらだ。マンションは結局購入価格の半額でしか売れず、ローンを抱えたままの不本意な引っ越しであり、冒頭の場面はとても寒々しい。

半畳ほどの狭いたたきの向こうに、冷えきったPタイル敷きのダイニングキッチンがあった。ひび割れた壁は補修がなされ、掃除も済んでいた。それでもどことなく荒《すさ》んだ空気が、窓枠や換気扇の穴や、コンクリートの壁全体に漂っている。

これが家賃四万七千円の賃貸住宅だった。妻が退職した上、不況の影響で和則の年収が七割に落ち込んだために、やむなく引っ越してきた家だ。55平米、2DKの間取りは、以前に住んでいた民間マンションに比べて狭い。（中略）
「ゴーストタウン……」と広江が小さく舌打ちした。
道路と住宅の階段を照らし出す明かりが規則正しく並んでいるだけで、家々の灯はまばらだ。
建設当初、ここにやってきた若い夫婦は、子供の成長とともにほとんどが一戸建住宅に移り、また中年の夫婦は、時が経《た》ち足腰が弱って階段の昇降ができなくなるとやはり出ていった。都心から遠い上に、建物も設計思想も古びてしまった団地に、いまさら入ろうとする者はめったにいない。空き家が目立つようになった一帯からは、商店も次々と引き上げていき、今、2DKで一カ月の家賃が管理費込みで五万二千円のコンクリート住宅には、なんらかの事情で出ていきそこねた家族だけが残っている。

景気の低迷、空き家の増加、団地の老朽化など、日本社会の地域社会の疲弊をひとまとめにしたような描写が続くが、この小説の中軸を担うのは、この裏寂れた団地に住む女性たちの、奇妙な連帯感だ。

広江が彼女たちに誘われて昼食会に集まると、みなタッパーに煮物や漬け物を入れて持ち寄っている。そして、近隣の家賃の高い高層住宅に住む人たちを「務めている人が多くて子どもを放置している」「次々物を買って捨てるのでゴミの量がすごい」などと悪口を言い合う。戸建てやマンションを買ってこの団地を出て行った人についても、「ご主人の会社が潰れたらしい」「娘が首吊りした」などの不幸話に花が咲く。そして、「だからここにいればいいのよ、無理しないで。みんな仲良しなんだし」となるのである。

女性たちは毎日誰かの家に集まって、一緒に昼食を食べているという。次第にそこでの生活に馴染んだ広江は、住人の女性たちと同じような生活を始める。子どもは喜んで預け合い、夕食のおかずも分け合い、「みんな仲良し」。だがそれだけではなく、その団地は原始共産制が具現化したような共同体だった。

住人はみな一つの家族のようになっていて、夫も妻も共有し合い、夫たちの稼ぎはすべて妻たちによって管理されていたのだった。後半で広江も妊娠するが、その子は団地のどの夫の子どもか分からない……、というところで物語は終わる。

高度成長期に、郊外の団地は農村の親族を基盤とした村落共同体から抜けだし、若年層が近代家族の特性を持つ核家族を形成する場として作られた。近代家族の特性は、私秘性と親密性を家族の内部にのみ囲い込む家族形態だが、それゆえケアワークなどの必要性に駆られたとき、旧来の伝統的なコミュニティのように互いに助け合うことが出来ない。

コミュニティがそれまで無償で担ってきたものは、コミュニティが解体すると有料のサービスに取って代わられる。たとえば育児、介護、看護などのケアワークや、冠婚葬祭の儀式、就業、さらには結婚相手の紹介なども、旧来コミュニティ内で担われてきたものが、産業化して現在に至る。

篠田の『コミュニティ』は、この戦後の「家族と経済の歴史」を逆走するかのようだ。そこで「郊外の団地」は、近代家族ではなく農村共同体的な親族共同体的の様相を呈している。ここは、「安い郊外での幸福な家族生活」の条件をつきつめたディストピアだろう。経済成長から置き去りにされた、いわば「捨てられた郊外」の住人が生き残るための方途として、旧来の伝統的コミュニティの再生が選択された、ともいえる。

非婚女性と郊外

経済的な問題から、就学・就職や結婚で一度は家を離れたものの、不本意な帰郷を果たす先として郊外が描かれる場合もある。山内マリコ『ここは退屈迎えに来て』（2012）は、都会に憧れて東京で10年暮らしたが、結局地方に帰ってきた女性「私」をはじめ、地方で暮らす若い女性たちの視線から「退屈」な地方の生活を描く。「田舎町を抜け出したものの私は、何者にもなれず幸せも見つけられないまま、また元の田舎町に戻って、とうとう三十歳になってしまった」と。

「私」は、大学を卒業した後、東京都三鷹駅から徒歩8分のアパートに住み、数年間は吉祥寺パルコでアパレル販売などのアルバイトをやっていた。25歳になったとき、このままアルバイトを続けていてはまずいとハローワークで見つけた小さな編集プロダクションに採用され、正社員に登用された。当初はやる気があったが、仕事の内容が好きではないジャンルばかりになって意欲が減退してきたところに、大学時代からつき合っていた彼氏がうつ病寸前となり徳島の実家に帰り、破局。それから1年後に東日本大震災に遭い、余震に怯える日々の中、親から「帰ってくれれば」とうながされ、地元に舞い戻ってきた。そして釈然としない思いを抱えながら、地元でライターの仕事を始めた。

実家暮らしで生活に困るわけではないが、生殺しにされているような地方暮らしは、均質なロードサイド型消費生活で埋め尽くされている。

大河のようにどこまでもつづく幹線道路、行列をなした車は時折りブレーキランプを一斉に赤く光らせ、道の両サイドにはライトアップされたチェーン店の、巨大看板が延々と連なる。ブックオフ、ハードオフ、モードオフ、TSUTAYAとワンセットになった書店、東京靴流通センター、洋服の青山、紳士服はるやま、ユニクロ、しまむら、西松屋、スタジオアリス、ゲオ、ダイソー、ニトリ、コメリ、コジマ、ココス、ガスト、ビッグボーイ、ドン・キホーテ、マクドナルド、スターバックス、マックスバリュ、パチンコ屋、スーパー銭湯、アピタ、そしてジャスコ。

こういう景色を〝ファスト風土〟と呼ぶのだと、須賀さんが教えてくれた。

「私」が大学時代から住んでいた三鷹駅付近は、筆者も26年間住んでいたので、個人的にとても馴染み深い。JR中央線沿線の三鷹市・武蔵野市・小金井市は大学も多く、学生も多い。同沿線は、三鷹駅から西に下ると家賃の価格帯も手頃になる。そこは都心に近いが、東京都市部の郊外である。

三鷹駅付近から北に行けば青梅街道が、南に行けば東八道路が走り、そこに並ぶチェーン店の数数は、実は「私」が地元の幹線道路沿いで今見ているものと変わりはないことが示唆される。だからこそ余計に、「何のために上京したのか」という「何者にもなれなかった30歳の女性」のもやもやとした思いが浮き彫りになる構図となっている。

「出戻り女性の郊外」を描いたディストピア小説として、近年の快作には原田ひ香『ＤＲＹ』（２０１９）がある。主人公の藍は33歳で、ＪＲ横浜線の町田と八王子の間にある、おそらくは相模原市内の外れ、寂れた５軒の家が寄り添い合った「袋小路の家」で育った。

父親は物心ついたころにはいなくなっていて、美貌の母には次々と恋人ができるが長続きせず浪費家で子どもっぽい。祖母は貧困生活が染みついていていてとてもがめつい。藍はそんな貧しい郊外の実家を抜け出そうと、奨学金とアルバイトで学費と生活費を賄って、都内の私立大学を卒業した。だが、結局職にも結婚にも恵まれなかった。

彼女はモラハラ気質で浮気もしている夫や、自分を「貧乏な家の子」と蔑む義父母にストレスを感じ、パート先の会社の上司と不倫関係になってしまう。その不貞を盾に取られて離婚となり、子ども２人の親権も夫に取られ、狭いアパートに引っ越し、かつかつの生活をしているうちに、母が祖母を刃物で刺したと連絡を受け、留置所に面会に行くことになる。それを契機に、かつて抜け出したはずの実家に戻り、祖母と母とぎすぎすした関係の３人暮らしをすることに。

隣家に住む幼馴染みの美代子だけは、藍に親切にしてくれる。散らかり放題の不潔な藍の実家の片付けを笑顔で手伝い、親戚中から押しつけられた祖父の介護を引き受けている女性である。だが物語の後半で、その「祖父」は、実は美代子がどこかから拾ってきた素性の知れない徘徊老人だった……、ということが明らかになる。祖父の年金を受給し続けるため、実の祖父が亡くなったら死体をミイラにして、次の「祖父」を拾ってきて介護し、その人が亡くなったらまた次を拾い、今の「祖父」で3人目だという。

美代子はヤングケアラーでもあった。彼女が高校生の時母親が家を出たので、高校卒業後は就業経験もほとんどなく、専ら祖父母の介護をして来た。だから、「介護する以外にどう生きていったらいいのかわからなかったの。他にできることないし。お祖父ちゃんの年金もらえなくなったら生きていけないし」という美代子に、藍が「年金の不正受給のためにやったわけ?」と聞くと、美代子は答える。「不正なら、私の介護労働はどこにいっちゃうの? 私は介護したんだから、正当な報酬を受け取る権利があるんじゃないかな」と。

本作は「捨てられた郊外」という意味では、篠田の『コミュニティ』にも通じる舞台設定である。ただし、原始共産制的なあり方を受け入れた『コミュニティ』は、近代家族の前提を破壊しながらも主人公広江が妊娠し次世代が再生産される契機が示唆されたのに対し、『ＤＲＹ』には将来が見えない。現代の棄民ともいうべき本作の「捨てられた郊外」の住人の姿は、家族の（主として女性による）ケアワークの無償性と、それを当然視してきた社会と、高齢化で寂れて将来への希望ももちにくい日本社会の問題の結節点にも見える。

むすびにかえて

本論考をまとめる過程で、郊外に関する資料や本書の他の執筆者の集めたデータを見直し、ひとくちに「郊外」といっても源流のイギリスと日本の大きな差異に改めて気づかされた。

日本の場合、何より経済成長を優先させ、都市郊外の開発を大枠で統御することなく、無秩序な開発も是認した結果、首都圏をはじめ通勤者にとっても住環境としても問題の残る結果となった。この混沌としたスプロール現象による開発の跡は日本の郊外の特性であり、ときに面白さも指摘されるが、住人よりも開発側の都合優先で建造されてきた部分は否めない。

冒頭での問い――「空虚さや不安」と「幸福な家庭生活」という相反する郊外への視座――が並置されてきた理由は、これらの問題を糊塗するためでもあったようにも見える。

郊外への「感情」の切断面となる郊外文学は、日本社会の家庭生活の変容や少子高齢化にともなう衰退などを反映し、時代ごとの家庭生活の問題点を凝縮して見せてくれる。高度成長期には夫が「蒸発（失踪）」し、バブル崩壊後には不和であったり、ときに殺害されたりと郊外文学の秀作はほとんどが「父不在・夫不在」である。現実にも、郊外住宅地での男性の居心地の悪さは、ジェンダー地理学的観点よりしばしば指摘されてきた。さらに、私たちの行ったインタビュー調査でも、日本の郊外家族は「夫不在」が基調である。これらの符合は、偶然ではないだろう。

住人の生活を第一義としてこなかった矛盾は、人口高齢化にともなう空き家増、買い物難民の増加などですでに表明されている。「郊外型家族像」もまた、変化を余儀なくされるだろう。今後はより多様な人々の住まう場として、改めて「日本の郊外」を再編する必要を強調し、本論考を終わりたい。

＊1　三浦、2004年、4頁。三浦は「過去二〇年ほどのあいだに、日本中の地方で起こったこと」を外食産業のファストフードになぞらえて「ファスト風土化」と名づけた。「それは、直接的には地方農村部の郊外化を意味する。と同時に、中心市街地の没落をさす。都市部でも農村部でも、地域固有の歴史、伝統観、生活様式を持ったコミュニティが崩壊し、代わって、ちょうどファストフードのように全国一律の均質な生活環境が拡大した。それこそがファスト風土なのである」と。

＊2　田園都市からニュータウンへの変遷は、金子(2017年、20-24頁)に詳しい。

＊3　金子は、日本のニュータウンは「イギリスのNew Town Actのように、ニュータウン制度を明確に示した法制度が確立しているわけでもない。関連するものとしては、千里ニュータウンや多摩ニュータウンなどの開発の根拠法となった新住宅市街地開発法(一九六三年制定。以下、新住法と略記)があり、別名『ニュータウン法』などと呼ばれることもあるが、実際には宅地開発の一つの事業手法を規定するものでしかない」と指摘している(前掲書)。

＊4　英語ではbedroom community, commuter town, dormitory townなどと表現される。

＊5　ジャン=リュック・ナンシー(2006年)。「異郷化(dépaysement)」はもともとシュルレアリスムの手法であり、ある対象を本来ある場所から引き離して見せることにより、違和感や居心地の悪さを醸成させる美術用語である。私見では、本論考で取り上げた「郊外小説」がいずれも何らかの「異郷化」的特性をもつのは、後発近代化国でありかつ敗戦国でありながら未曾有の高度成長を遂げた日本の戦後生活空間史の大きな特性であると考える。

＊6　たとえば環境心理学は「特定の場所についての情動的な結びつき」を「場所愛着」と定義するが、場所に関するよそよそしさや不気味さ、さらには無感情ともいうべき平穏さや無関心なども包括する概念を検討するため、それよりも少々広い意味でこのように呼ぶ。

5

家族生活の意味論

日本とイギリスの価値意識

品田知美

家族は生きるために必要か

生まれ育った家族を離れて自分から家族を創ろうとする人が急速に減っている。世界的な傾向ではあるが、日本人はいまや男性4人のうち1人、女性6人のうち1人が結婚をせずに生涯を終える時代だ。「令和2年度少子化社会に関する国際意識調査」によると、20から49歳の39%が「結婚・同棲・恋人はいずれも、必ずしも必要ではない」という意見に賛成している。フランス、ドイツ、スウェーデンの4ケ国中もっとも高い割合である。日本が特徴的なのは、恋人や同棲する人（ここでは事実婚も含まれる）がいたほうがよい、という意見への賛同が各国に比べてとても低いのに、「結婚はしたほうがよい」という割合は44%とトップであるという点。ここからわかるのは2極化した意識である。

とはいえ、新しく家族を創ろうとしない人も家族と生活を共にしている人は多い。生まれ育った家族の元で一生を過ごす人も多いからだ。離家の社会的圧力が強くない社会では、新たに家族を創らなくても心穏やかに過ごせる。引きこもる人はその一部であるにせよ、数にして100万人を超えているとなると存在感がある。引きこもる人にとって、家族は文字通り生存の基盤そのものである。生きるために必要なとき人は家族と共に生活をする。ここから問いが生まれる。人が生きるために必要なもの、とはなんであるのか。

もし家族が生きるためにどうしても必要なものでなければ、選択できる状況が訪れたなら、人は家族生活をやめるだろう。上野千鶴子はかつて、人は「家族」を離れても生きていける、と述べている（上野1996）。家族が不要である根拠は、「再生産は『家族』の内でも外でもおこなわれている」からだとされている。この考え方には、マルクス主義フェミニズムの思想が色濃く反映されている。再生産は文脈によって多義的な意味を持つ用語であるが、ここではおそらく人口の再生産、つまり子どもを産み育てることが含意されている。加えて、マルクスに対してフェミニズムが批判を加えたように、人間の労働力は日々家事や育児などの無償労働によって再生産されている。現代社会では、いずれの再生産も家族という単位ごとに大部分が行われているが、未来に向けて人はどうするのか、したいのか。

マルクス主義は唯物論の極をつくる思想で、家政経済学に近い家事の議論は伝統的にこちらに依拠してきた。いっぽう、古典的名著である『家事の社会学』を著したA・オークレー（1980）は、人々が家事という行為に対してどのような感じを抱いているのか、という主観をインタビューから積み上げて家事が「労働である」ことをようやく概念化した[*1]現象学的な研究である。家族、あるいは家事をめぐる学問領域は唯物論的リアリティ(現実)と現象学的リアリティに、語り方自体分断されがちである(品田2001)。橋爪大三郎によればこの二つの語り方は鋭く矛盾・対立してしまう(橋爪1993)。例えるなら、ある個人が愛情に基づいて家族を創ったと語ったら、現象学的にはそれを発話された現実の断片として扱うだろうが、唯物論的、つまりマルクス主義フェミニズムなら産業化にともなう国民国家形成のもとで制度化されていった愛情規範にしたがっている現実の表出と扱うだろう。どちらが正しいとも決着はつかずに議論はすれ違い続けてしまう。

本書ではこの語り方を分断させずに架橋できないか模索をしている。1章では唯物論的なリアリティに近い生活時間のデータとその解釈を提示した。5章ではどちらかといえば、現象学的なリアリティのほうに寄り添ってみたい。ただし語り方が分断されないために、1章を輪郭による素描とし、そこに細部を書き込んでいくというやりかたになる。

もっとも、人が家族生活に対して「どのような感じを抱いているのか」、を概念化していく作業は、主観から発せられた言葉をそのまま意味に置き換えることにはならない。オークレーは社会が家事を労働として認識していないとき、様々な質問に対する回答を付け合わせた上で、それを労働と社会が認知する範疇にある行為だ、という解釈にいたる過程を実証したのである。人に認識されていない言葉の体系に基づいて質問をしたところで、発話に概念が直接表われ出るとは限らない。

人が家族生活にどのような意味を見出しているのか、それは生きるために必要なものなのかを、私たちが解釈提示していくにあたり、まずは社会に流布されている家族概念を疑ってみよう。

「家族機能」論の限界

序章でも触れたように、家族は人々に必要な機能として前提されがちだ。高校で必修となっている「家庭基礎」教科書によれば家族がつくる家庭、いいかえるなら家族生活には、労働力の提供、子どもや高齢者の養育・介護、愛情の充足、生活文化の伝承、という機能がある。ここでは東京書籍平成29年版から紹介しながら吟味しよう。

労働力の提供：そもそも私たちは労働力を提供する存在として定義されてよいのか。

有償労働を価値の上位におくからこそ、「労働力の提供」のために家族が存在するという発想となる。労働力の再生産、という概念の言い換えであるのかもしれないが、生々しい。まるで資本家に労働者をさし出すためのリフレッシュ装置が家族生活である、と言われているかのようである。なぜ家族生活のために人は労働をする、とは捉えないのだろう。生活時間が示す日本社会の現実では、確かに有償労働が圧倒的に無償労働を追いやっているが、ほとんどの社会ではそうでもないようにみえるのだが。

子どもや高齢者の養育・介護：ケアとは誰にとってのものか。福祉の領域に近い社会学でも、ケアを家族の機能として捉えるのが一般的である。子どもを産み育てる機能は、確かに現在でも家族が担っている重要な事象の一つに違いない。けれども、人は常に自分が弱者になる可能性と共に生きている。幼い子を抱える妻が高熱を出して寝込んでいる、つまり弱者にもなる妻をケアするどころか置いて仕事に出てしまう夫は、妻からみてケアラーになりえない。高齢者の介護、といわれても、高齢ひきこもり親子の8050問題として知られるように母親は子どもをケアし続けて自分の生命に危険が及んだ時にさえ、助けてくれる人がいない。

愛情の充足：愛情は誰から誰にむけた愛情なのだろう。親から子どもへの愛情というものは多くの人が持つだろう。ただし、東アジア各国と比較しても日本では結婚後生活に満足している妻が、夫よりもかなり少ないことがわかっている（石原ほか編２０１３）。家族成員が相互に愛情を充足しあえる関係性が、どれほどあるのだろう。満たされているときひとは肯定的な感情を家族内で充足しあえるが、そうでない時には否定的な感情が行き交う場にもなりがちだ。仕事という外部世界で厳しい状況に置かれるとき、家族に否定的な感情を流出させずに、愛情を成員に与え続けることができる大人はどれくらいいるのだろう。

生活文化の伝承：世界遺産とされた日常の和食文化を継承するために、仕事が終わってからも丁寧な食事づくりを欠かさないよう期待されているのは誰なのか。いまのところこの食事づくりは女性によって大半がなされている。

このように、家族にのせられている機能とは、主に女性に課せられた重い荷物そのものである。教科書はこれらの機能を前提に置いた上で分業を推奨する。家庭科のカリキュラムは家政学が司っているので、ここで提示されている家族概念は当然ながら、唯物論に寄っている。もっとも、家族社会学でもこれらの機能が家族に期待されていることを前提として、研究が行われるのが常道だ。

しかし、家族生活に人々は様々な意味を付与する。またその意味は本人たちが言葉にしているとは限らない。とはいえ、語りの断片を集めて比較してみたら、もしかすると意味の塊がうっすら見えてくるのではないか。そのためには家族をできるだけ「機能」の文脈で捉える枠組みから離れて語ってもらうのが有効だろう。

以下では、価値意識を通じて浮かび上がってくる家族の意味とはなにかを理解するために日本とイギリスで行った調査[*2]から綴ってみたい。対象としたのは小学生のいる女性各国10人で、半構造化インタビュー[*3]を録音し書き起こした内容に基づいている。調査の詳細については巻末の調査概要を参照されたい。解釈方法については内容分析[*4]を行った。

仕事のやりくりをどうするか

少し前であれば子どものいる女性は専業主婦であると考えられがちだったが、現在は日本でもイギリスでも職を持っている人が大半で、定期的な仕事のある人は各10人のうち日本で8人、イギリスで7人（育児休業中含む）であった。この年代の女性労働力率が概ね反映されている。

対象者から排除したわけではないが、結果的にパワーカップルとも言われるキャリア的な働き方をしている女性たちは含まれていない。イギリスではフルタイム女性のなかにはナニーと呼ばれる専属のベビーシッターに預けて働いている人がいるし、日本ではシッターのみならず、祖父母に全面的に頼る人もいる。このような働き方をしている人は両国ともにそれほど多くないので、一般的な働き方をしている女性たちの日常に照準したといえる。

小学生のいる家族は学校の時間帯に縛られるため、2ケ国では日常生活に共通のリズムがある。平日は毎日朝起きて子どもが小学校に行き、放課後は子どもがなんらかの活動をし、夕食を食べて親と共に過ごし、休日はスポーツクラブに出かけたり家族や友人たちと過ごす。子どもをひとりにしにくいので、親たちは子どもが小学校や他の活動で家にいない時に仕事をするのが基本となる。また、子どもが病気になったり保護者が呼び出される会合があれば学校に行かなくてはならず、どんな働き方をしている親でも参加が求められるなどの点は、社会を超えて共通している。日本の小学生がいる生活はイメージしやすいことから、ここではイギリスの親たちの仕事を悩ませる事象に触れておこう。

まず、日本で課せられない義務として保護者による送り迎えが必須である。どの学校も9時に登校3時に下校が原則である。その後子どもは様々な「アクティビティ」と呼ばれる放課後クラブでの活動メニューを選択して過ごす。基本は5時までで、遅くとも6時までには迎えに行かなくてはならない。自治体によって差があるだろうが、学期中の放課後のアクティビティは安いと認識されている。無料の場合もあるそうだ。ナンシーの娘は、ズンバ、歌唱、クリケットなどを選択しているが1日あたり300円（2ポンド）ほどで済む。

3歳違いで2人の子どもの保育園の送り迎え期間9年を終えた時の安堵感を今も思い出す身としては、その後も9年小学校の送り迎えが続く生活を想像するだけで卒倒しそうだが、イギリスの親は子どもが小学生の間送迎をするのは当たり前のことなので、誰も不思議に思わない。欧米諸国は送迎が標準である。だから、日本の子どもたちが押しつぶされそうな満員電車に揺られてひとりで登校したり、危険に満ちた道路を子どもだけで歩く様子を見て彼らは仰天する。

加えて夏休み期間は日本よりも少し長い。原則として12歳未満の子どもを長時間ひとりにしておくことは政府が禁じている上、[*5] 日本の学童クラブのような安価な保育制度が整っていない。預けるとしたらとても高価になる。キャシーが仕事に出ていない理由の一つがこれで、「スクールキャンプかデイケアに行かせると、うちなんか2人もいるから1日7500円（50ポンド）もかかるし、夏休みは6週間もあるのよ」。結果的にそれだけの支出をしてでも仕事に出られる人しか夏季に子どもを預けて働けない。レイラは、学期中は週6日働くことで夏休みにまとめて休暇を取るようにし、有給を減らさないために、時間給で対処しているという。

ただし、イギリスには「柔軟な働き方」という法制度があるため、学期間のみ労働するという契約が職業を問わず可能で親が休むこともできる。特に教育系職についている知人たちが学期間のみの労働を選択しているとよく耳にした。日本にもこれがあったらどんなにありがたかったことか。仕事を夏季休暇中にもする場合には、休暇クラブに預けたり、サマーキャンプに送り込んだり、オーペア[*6]に頼んだりしてどうにかやり過ごす。フランスに比べるとイギリスは親たちの夏季休暇が短いが、それでも2週間程度はとる人が多く、その時には家族みんなでどこかに出かけることが多い。イギリス人と仕事をすれば、7月の下旬から8月の中旬頃まではほとんど物事が進まないという経験をするだろう。

制度的には、放課後や長期休暇に安価な学童クラブがあり、小学生がひとりで長時間過ごしていてもネグレクトとみなされない日本社会の方が、親が仕事に出やすい環境が整っているともいえる。子ども食堂が求められる状況がイギリスにないのは、小学生が放置されていて孤食をするような状況が、そもそも認められていないからでもある。

それでは、どうやってイギリスの親たちは仕事をやりくりしているのか。基本的にはパートナーがいる人は2人で協力して対応している。例えばホスピスで週5日働くナンシーは、5時のお迎えに間に合わないので、毎日会社員の夫が迎えに行き、夕食づくりをはじめており、6時か7時ごろ帰宅して家族一緒に食事をとる。仕事を子どもの都合など家族の事情に合わせて調整できるか、と聞くとダニエラを除いて全員調整しやすいとのことであった。助産師のダニエラはひとり親である上に職業の性質上難しいのは当然で、時に知人に頼むという。彼女は小学校に隣接する集合住宅に住んでおり、どうしても急で人手が確保できない場合には、子どもがひとりで家に戻り、後で助っ人が来ることもあるとこっそり語ってくれた。

週6日病院の事務職として働くレイラの場合は、自分は時間単位で休めるが夫は日単位なので、学校の用事などには時間単位で自分が休みをとることが多い。週30時間営業職として働くクリピの場合は、時に仕事を家に持ち帰ることもある。新型コロナ禍の前から在宅勤務など場所を問わない働き方が認められていたそうだ。基本的に働き方がジョブ型の社会なので、契約している内容が行われれば働く場所は問われない。出勤による厳格な管理を原則とするメンバーシップ型の働き方ではないからこそできるのかもしれない。

日本との違いを実感させられたのは、週末に仕事をするため、近隣の両親に定期的に子どもを預けているエマでさえ、緊急の場合には両親に急に頼むことはなく、自分か夫が休むということだ。緊急時に両親をあてにする、というのは失礼にあたると考えられている。関係性において配慮すべきモラルが違う。両親はすでに引退していて柔軟な対応は可能な人だとはいえ予定が日常には入っている。それは日本でも同じだろう。娘夫婦の仕事が金科玉条とはならないようなのだ。考えてみたらそのとおりなのに、この発話を新鮮に受け止めてしまうのは、筆者も日本社会の仕事優先主義に慣れ親しんできたからだろう。

エマには少し踏み込んで聞いてみた。日常的に祖父が孫を見ているような親との良い関係があるのに、同居しようとは考えないのか、日本にはそういう人も多いのだが、と。彼女はそんな日本の家族生活はきっと素敵だろう、とまんざらでもない反応をした上で、「でもここでは絶対に起きない、父が希望しないだろうし」ときっぱりと否定した。

では日本の女性たちはどう仕事をやりくりしているのか。仕事を家族の事情にあわせて調整できる人が大半であるのはイギリスと同じであるが、夫が調整することはほとんどなさそうだ。あるいは、「夫だと子どもが心配なので」という理由を話してくれた人もいる。子どもが幼い頃の調整の緊張感について、陽子はこう語る。「日曜日の夜に、子どもが高熱出したりすると、だんなともう『目の戦争』ですよね。どっちが休めるわけーっていう、じーっと目の戦争しました。だんなの職場は、『なんで子どものそういうのに、お母さんが休まずに、お父さんが休まななあかんわけ』っていう、無言のそういうのがあるんですよね。だから、私の方が休まないといけないことが多くて」。そもそも日常的に休みが取れない夫もおり、「連休があれば奇跡的」という人もいる。

結果として、自分だけで対応できないときには、両親など親族があてにされる。その親族は近居とは限らない。「関西に住んでいる母が出張中などは度々手伝いに」「隣県から1時間半くらいかけて、自分の両親が来てくれる」といった状況である。どうにかするための究極の選択肢の一つが同居となる。久美子は自分の両親と同居をしてから、ずいぶん余裕ができたと語る。「2人の子どもの習い事の送迎で、週のほとんどがうまる。そこに夕飯の準備が加わり、子どもが眠ると私もどっと疲れて負担が大きかった」。同居により「子どもの習い事の送迎を父がたまに手伝ってくれる」のも、余裕を生み出してくれているそうだ。そう、日本では学校への送り迎えはなくとも平日に習い事への送迎をしている人が多い。

例外的に夫と2人おでやりくりしているのが、同じ教育系の職場で働く正規職員夫婦の梢である。「子どもが幼いとき、病気になったりすると夫と交代で半休ずつ取ったりしていた」。職場全体で男性も融通をきかせやすいという彼女は、ここで定年まで働きたいと考えている。ただし、彼女たちのように平等である夫婦でさえ、妻が少し早めに上がり夫は残業をしているのが日常である。

家事と趣味のあいだ

どちらの社会でも家事・育児を女性の方が多くやっている傾向は確かにある。けれども、1章でみたように、無償労働時間がイギリスでは女性が男性の1・8倍なのに対して日本では5・5倍で圧倒的に女性がやっている。家事と育児には少し違う受け止め方があることを勘案し、別に考えておくために「家事をするのは好きですか」と聞いたところ、日本の方が好きな家事について語らない人が多く6人だった。イギリスで家事を好きではない人は3人にとどまり、その人たちがいずれも現在家事専業だったのは偶然なのだろうか。家事はしなければならない義務的なものである時ほど負担に感じられるともいえそうだ。

日本女性は仕事をしていようとしていまいと、大半の家事は本人がこなしているからか、夫との分業に積極的に触れる人がいない。代りに「夫とは家事の分業はしません、夫は家事をしません、ゴミ捨てくらいです。炊事は母親が来て、結構やってくれます。叔母夫婦がいつも食事を作って持ってきてくれて助かります」ということで親族との分業が語られる。

いっぽう、イギリス女性は職業の有無にかかわらず、夫や子どもとの分業について語っている。家事が好きじゃないというスザーナとオリビアは、専業主婦であるがどちらも子どもに教えて家事をさせている。ナンシーは「料理は得意じゃないから」平日の夕食はすべてパートナーに任せている。レイラとクリピは料理が好きであるが、仕事から帰って十分時間がないのを残念だと話す。ダニエラはひとり親で忙しいだろうに、家事は全部好きで料理も好きだという。訪問した際も家を掃除している最中であった。料理は買い物の次に好きな家事だそうだ。ルビーとエマはお掃除派である。「買い物行動、からの料理作り」が好きな人と差別化できそうだ。

好きな家事があると話してくれた日本女性の美穂と久美子はどちらも掃除洗濯が好きだ、という。由美は洗濯だけが好きな家事だという。あらためて比較すると洗濯が好きというイギリス女性はいない。こちらで洗濯といえば単に洗濯機に放り込んでおいて、乾燥まで自動というパターンが普通だからだろうか。「いい匂いの柔軟剤とか自分で好きな香りを選んで。外干しです」という由美のようには、洗濯行為に楽しみを見出せないのだろう。

ところで、炊事時間がイギリスに比べて1日あたり1時間も長い日本女性なのに（品田2009）、料理が好きであるとはっきりいう人には出会えなかった。例えば久美子は「食事の支度は頑張っていますが好きではない」という。確かに家族がいるときには、とても熱心に料理する人が、自分のためにはそれほどやらないこともよくある。

DO it yourselfとUnpaid workの区別をつけるための基礎的な原則として、「第三者による代替可能性の原則」があり、「他人に委託可能な労働としての活動」を無償労働とみなすと考える（OECD1995）。男性は大工仕事や車の手入れなどの趣味的な非日常的家事が多く、女性は義務的なルーティン家事を行っている傾向があると言われてきた。家事を「他人に委託可能」とするかどうかは主観に左右される側面があるが、「他人に委託可能」かどうかは個人ではなく社会がどうみなすかによって決められている。したがって、選択可能な条件のもとで主観的には個人が家事を趣味であると認識していることはありうる。

どちらかというと、日本女性にとって料理することは家族の喜びと健康のために時間を割かなくてはならない義務的な行為なのかもしれない。先の原則に照らすと、美味しく健康的な食事を誰かがかわりに提供してくれればよいなら、それは無償労働であって趣味ではない。あるいは、もともとは好きだった料理であっても、やりたいタイミングで週末にゆっくりと時間をかけてやれば楽しくても、毎日時間に追われる中でやり続けたのでは、好きとも感じられなくなるだろう。

1章の労働時間の国際比較からわかるように、じつはイギリス男性が日本男性より家事を3倍以上やっているにもかかわらず、無償労働時間は日本女性よりイギリス女性の方が1日あたり25分ほど長い。つまり男性の家事増加が女性の減少に必ずしもつながるわけではない。家事の受け止め方からみると、生活時間に余裕があるからかそれほど忌避するものでもないと捉えている人はイギリスの方が多いように思う。自分が苦手だったり嫌いな家事は家族に任せて、好きな家事を楽しむゆとりが日常にあるとき、そこまで無償労働は減らすべき対象ではなくなるのではないか。

職業人生の現実と理想

子どものいる女性も仕事につくほうが多数派となっている。仕事と生活の調和（ワーク・ライフ・バランス）憲章で謳われている仕事とは、「暮らしを支え、生きがいや喜びをもたらす」ものである。両国で女性の仕事が暮らしを支えていることは間違いないが、ここでは生きがいや喜びをもたらすものとしての職業人生について、どのように考えられているのかを比較してみたい。

インタビューをした日本の女性たちは身につけた学問を仕事で生かすことは半ばあきらめていた。その前提で探していても、子どものいる生活を持続させながら、それなりに納得できる仕事はなかなかみつからない。聖域化している仕事から夫を引き剝がすには、相当な無理が相手にかかるから、自分だけで家事と仕事を両立できる仕事を見つけようとする。それを条件とするので、望んだ仕事はむずかしくなる。そこで「子どもの帰宅時間や長期休みに対応できるよい仕事」がないという現実に直面している悩みが言葉にされる。具体的には「週3～4日、午前9時から2時くらいまで。学校行事に合わせてシフトに自由がきくといい」。学校が終わる時には家にいてあげたいと思う人も多く、送り迎えがなくても登下校時間に縛られている点で、イギリスと日本で変わりはない。長期休みについても、周りの友人たちの子育てについて、「パート・アルバイトの友人は子どもを家で留守番させている。夏だと窓を閉め切って冷房してテレビと宿題。せっかくの夏休みなのに、それはないかな」と子どものウェルビーイングに配慮をしているのだ。

ただ預け先があればいいという問題ではなく、子どもの生活の質を保ちながらどうしたら仕事にでられるのかと悩んだ経験は筆者も共感できる。たとえよい学童クラブがあったとしても、子どもとの相性がいいとは限らない。近年では民間を含めて様々な形態の放課後クラブができているが、多くの地域で選択肢は足りていない。福祉系の大学で教える教員としての経験も含めて放課後の子どもの居場所を多数見てきたが、安価で誰でも入所できる居場所は、たいがい多くの子どもが集められている。落ち着いた場で静かに過ごしたい子どもにはかなり辛い環境だと思う。職員の目配りが常に利くわけではないため、上級生が下級生にきつく当たることもよくある。

また、たとえ小規模の居場所であろうと自由に行動させるとも限らず、宿題の時間、おやつの時間、など決められた時間割にそって過ごさせることが多い。親がそのように希望するという面もあるが、比較的自由な保育園ならば対応できていた子どもたちでも、学校で規律ある時間を過ごして下校したら一息つきたいという気持ちにもなるだろう。子どもが成長していればこそ、個性に添った放課後生活を求める親子もいるはずだ。インタビューをした日本女性たちも、よい子育てができることを優先した仕事選びをしている。

子どもの保護者会や行事に出やすいように転職をした理恵は、「子どもの行事は仕事が溜まってきても死守するようにしています」と語る。「通勤で時間をとられるのは嫌です。今は近い。なのでストレスないです」と住居との距離を縮めて時間を捻出する人もいる。

フルタイムの人は保育園に通わせている時、保護者会や行事が配慮された設定になっていることでどうにかやり過ごせても、小学生になると幼稚園組と合流し学校は保護者の仕事に配慮しない設定となるため急に対応が難しくなり、いわゆる「小一の壁」に直面する。そこで女性が仕事を辞めたり、職場や住居を変更したり、親に頼ったりしながら対応する事例もあった。ちなみに、夫が子どもの都合で仕事を変えたという話は聞かれなかった。

ＰＴＡ活動が親の仕事状況に配慮していない問題点は、近年指摘される機会も増えたので、深入りは避けるとしても、その活動の中身には驚かされた。例えば、平日の昼間に時間設定されたうえ、保護者が集まってベルマーク運動のための集計活動をしたり、給食費を現金で集めるのでそのチェックをするのが大変であるという人がいた。この無償労働は強い義務で欠席すればもちろん非難される。ＰＴＡ活動が学校業務の下請け団体となっている問題は指摘されて久しいのに、やれる人がやれることを、という範囲を完全に超えて強制的な奉仕活動が求められる実態がある。保護者が学校にかかわることはもちろんイギリスでもあるけれど、さすがにこういった活動に呼び出されて困っている人はいない。

子どもを持ったとたんに、生活上の制約がこのように厳しく降りかかってくる現状のもとでは、よほど根性を据えて周囲の支援が得られるような状況を整えない限り、自らの職業人生を考えていくことが困難なのは想像に難くない。インタビュー協力者には、理系の大学を卒業している日本女性がいたが、将来に自分の専門を生かした職業につく予定はその時点で考えていなかった。「友人は大手企業研究職で結婚後も現役」「夫に仕事を休んでもらったりとか大変そう」なので、自分はそうしてまで働きたいとは思わないという。

イギリス女性で同様に理系の学歴を持ち、かつて研究室で働いていたキャシーは、同様に子育てのため現在専業主婦をしているが、将来の職業への復帰に対して不安を持たずにいたのと対照的であった。「仕事は面白い。でも研究室勤めは24/7/365のジョブだから、小学生の間は無理。子どもが中学生か高校生になった頃に復職するつもり」と具体的に展望を語った。メディカルセンターで働いていたアリーナは子どもが2歳になり育児休業期間が切れるので、翌月復帰予定を控えていた。「ここロンドンでは仕事をしていないと見下されるし、ロンドンで暮らすのは安上がりじゃないし。（両立は）簡単じゃないけども、そろそろ戻らざるをえない」。

イギリスで家族生活とは別に、自分の職業人生を明確に語らなかった人は、現時点で無職のイタリア系のスザーナと扶養手当をもらいつつ障がいを持つ子の世話をしているオリビアの2人である。しかしスザーナは週末も妻や母として家族の世話をし続けるフルタイム主婦ではない。土曜の朝8時、夫が息子をサッカースクールに連れて出かける。週末朝は、彼女にとって少しゆっくり起きて趣味に時間を使うオフタイムなのである。スザーナの夫はプロジェクトマネージャーで忙しい仕事についているし、郊外に住んでいるので通勤には45分ほどかかるが、それでも平日夕方6時半には戻る。帰宅が深夜にすらなりがちな日本男性なら、毎週末の朝8時に息子とサッカースクールに行くのはつらいだろう。日本では共働きで多忙であることを理由に、子どもをサッカークラブに入れない親はめずらしくない。イギリスでそういうことが起きにくいとしたら、男性の働き方の違いにも理由があるといえよう。

子どもの教育と文化伝達

両国のインタビュー対象者たちは、それなりに教育に関心を払っている人であった。子どもに何かを教えたり遊んだりするかどうかを聞くと、学校の課題に限らずなんらかの追加的な活動をさせている人が日本には多い。イギリスで学校とその宿題という範囲を超えて追加の勉強をさせていると答えた人は1人だけで、それも家庭でできる教材である。学期中は低学年の音読や計算などに付き合うのが日本では一般的な宿題だ。イギリスの宿題は1週間単位でまとめてなど、日単位に比べて親子ともに融通がきく方式が取り入れられていたりする。普段一緒にやったり教える風景に変わりはないが、学期中にさほど宿題に悩まされていないのはどちらかといえば、日本の親の方かもしれない。

ただし、長期休みにイギリスには宿題がないのに対して、日本では出されているという点が大きく異なる。しかも長期休みに親が採点活動をさせられる、という人が日本で4人いて、負担感が語られた。このように、採点活動が親に課せられているケースはイギリスにない。採点を親にさせるのは役割分業として最悪であると、私は思う。親を子どもの勉強を評価する立場の先生に並置させてしまう行為だからだ。親は勉強のできが良かろうと悪かろうと子どもを愛する存在であるべきと理想化するなら、これはまずいだろう。

イギリスでは塾に行く子どもがまだ少ない。それでも、最近はAcademyとよばれるアフタースクールに行く子どもが増えていて、お金がある人とない人で差が出てくると、オリビアは懸念を語っていた。自分の子どもの頃には学校がよくフォローしてくれていたのだが、今はそうなっていないと嘆く。

日本の対象地域は首都圏なので、中学受験をする子どもが複数いた。そうなると当然ながら塾に行っている。高学年ともなると親は学習内容がわからないからと、勉強は塾にお任せになる。周囲からの情報で「公立と私立の格差があるので出来れば私立に行かせたい」としても、学費が高かったり、通えるところに学校がなかったりして結果的に「うちは公立でいいかな」と考えているケースもある。

イギリスの親たちの多くは、大学進学を望んでいるけれども、それを含めて「その子がどうしたいのか」をできるかぎり尊重すると語る。子どもの背中を押す(push)のはよいけれども、強制(force)してはいけない、というフレーズが象徴的な語りである。また、公立(State school)に比べて私立(private school)の方が必ずしもよいとは思われていなかった。

仮に行かせてあげたくても、通えるところにあるとは限らず、寄宿生活となる場合も多いことから、「金銭的にもとても高価」で「お金持ちでもなければそう行かせられるものでもない」、とのことで親たちはかなり慎重にならざるを得ない。

ダニエラはイギリスで過ごすひとり親の黒人家族であることを気にかけており、いまでも人種差別が残る社会であると認識を語った上で、「扉を開いてあげたい」という思いから、息子にボーディングスクール[*7]にいってもらいたがっていたが、インタビュー中部屋に来た息子に聞いてみると、本人は望まないと話していた。自身が苦労をした経験を踏まえて、家も車もいらないから教育にお金をかけてあげたいと願っているという意味でも、ダニエラは最も教育に熱心な母親の1人である。上の娘はちょうど大学への入学が決まったところで、とても嬉しそうだった。ちなみにダニエラはロンドンの王立植物園の年間パスを持っており、子どもと度々出かけるという。様々なワークショップの開かれるこの植物園に出かけることは充実した家庭教育になっているだろう。それに、息子は才能を伸ばすための追加的なＩＴ教育を公的に受けている。イギリスの福祉の手厚さを感じさせられた親子であった。

ところで二ケ国の間には一つ気になる違いがある。イギリスの母親はジェンダーによる差を誰も口にはしなかったのに対し、日本人の母親からは時折発せられたことだ。そして、女の子には、幼い頃から家事を教える傾向がみられた。「下の子（娘）は食事を作る手伝いが好き」「夕飯は必ず手伝いをしてもらう。長女も受験が終わったので、夕飯の手伝いはしてもらう」「手伝いをさせたほうがいいと思って、夕飯の手伝いを頼んだが続きませんでした（娘2人）」、男の子の場合には「子どもが希望したので、一時期料理を少し教えました。NHKの『きょうの料理』を見たがります（息子1人）」。娘向けの手伝いとしての料理は家事にとどまるが、息子向けの料理教育は職業につながるイメージが抱かれており微妙にニュアンスが異なる。

それに対し、男の子とは、いっしょに遊ぶことが語られる。「私はやらないですけど、夫はスマホのゲームとかやるんで、一緒にやったりしています」「サッカーとかよく見に行くんですけど、（息子を）引きずり込んだっていう感じで」。実際、日本の子どもたちの生活時間には性差がみられていて、ベネッセによる「第2回子ども生活実態基本調査報告書［2009年］」によれば家事は女の子が長くゲームは男の子が長い。

将来イメージにもそういった微妙なジェンダー差異があり、描かれ方にも差が出る。典型的な語りは「受験はあまり考えていません。女の子なので勉強、勉強よりは、公立校に通いながら、ピアノやダンスの芸の習い事をさせてあげたいです」。日本では大学進学にあたって理系学部の女性割合が低い傾向が持続するなど、進学先にジェンダーが作用していると指摘される。幼い頃からのこういった何気ない親や周囲の発話は、子どもの社会化過程における不平等を温存させる文化伝達装置として逆機能しているであろう。

家族と話すこと／過ごすこと

慌ただしい平日の生活のなかで、家族が顔を合わせて会話できる時間は限られる。「家族とはよく話しますか」と尋ねると、イギリス女性はなぜそんな当たり前のことを聞くのか、という反応になって話の展開が少なかった。「毎日、たくさん」(Everyday, Lots.)が典型的な答えかたである。普段の平日夕食時にまったく家族がそろわないのは、夫がシェフとして働くたった1家族のみである。通勤はロンドン中心まで1時間程度かかっていようとも、みな6時半頃までには家に戻っている。当然ながら、その時間に習い事に出る子どももはいない。

日本の事情についてはBBCなどで過労死の問題が取り上げられていたりするから、知っている人が多い。特にこちらから尋ねなくても、スザーナが説明してくれた。「彼は仕事がとても忙しい。でもね、日本人とは違って夫は夕食のために普通の時間に戻る。私たちにとってはそれが人事なことだから」。夜間に店員をしているルビーは、平日は夫が夕方6時ごろに帰ってきて入れ替わりで仕事に出かけるためにあわただしいが、それでも週2、3回は一緒に夕食をとるようにしている。全員揃って食べるために妻も夫も調整し努力を払うのが当然だと信じられているのだ。小学生の子どもがいる家族だから、とりわけそうなのかもしれないし、離婚の多いイギリスではそうでないとカップルが存続できていない可能性もある。

日本では見事に対照的で、ふだんの平日に夫も含め全員で毎日夕食をとる家族はなかった。これほど明確な違いが出てくるインタビュー項目は他にない。「夫は遅い、飲み会も多い、夕食の時には夫は絶対にいない」「夫の帰宅は12時半から1時で朝6～7時に出るため話す時間がなくて困るから、子どもと一回寝て、帰りを待つ」「夫は毎日朝早く出ます。帰宅は遅いか泊りです。下の子からの質問で、『今日、家にパパ来る？』という感じです」「何もないと、9時くらいには帰ってくるので、私が風呂に入っている間に（夫が）食べる」「だいたい帰ってくるのは10時前後。だから、平日家族3人で夕ご飯を食べることは週1回もないです」。これが家族の日常風景なのである。

たとえば「夫が外国人」でも、日本にいることで周りの常識に合わせるためか「8時すぎに帰宅し半々の確率で共にする」という曖昧な日常になる。やや珍しい回答は、「夫は7時に帰宅して、ずらして夕食」という事例で、赤ちゃんがいるので、一緒に食べると落ち着かないから、という事情がからんでいる。日本の家族では女性が食事の接待役に回ることがよくある。おそらく仕事で疲れて帰ってくる男性に落ち着いた夕食を提供してあげたい、という配慮もあるからだろう。

「家族とはよく話しますか」という問いへの答え方では、日本女性が「よく話している」と答えていても、全体の語りからあとで解釈すると、夫はその場におらず、子どもとの会話のみが想像されている事例がある。つまり、彼女たちの家族という言葉は、容易に母と子どもの二者関係に変換されてしまうようなのだ。また、双方向性のある対話を意図した質問であるが、一方的な会話になっている様子もうかがえる。「あまりしゃべってくれない。男の子なので、いろいろ聞いても話してくれない」「私がひとりで話している。子どもは聞いてくれる。（普段食事にはいない）夫は聞いているかどうかわからない」、ジェンダーを含む違いに言及する人も日本にしかいなかった。子育てをしていると、「男の子はしゃべらないもの」というセリフをよく聞くけれども、そういう常識をイギリスで聞かされたことは一度もない。

家族と話し共に過ごす時間をとる。これが家族であることの意味だとイギリスでは信じられているのではないか。なぜなら「家族ともっと過ごしたいですか」という質問を重ねたとき、次のような反応が出てくるからだ。どう考えても平日に全員で一緒に過ごしている時間は日本より長いイギリス女性が「もう十分過ごしている」とは言いにくそうなのである。逆に日本女性は十分だと素直に語れる。息子とよくサッカー観戦にいく陽子は「なんか最近はあんまり（夫含めて）一緒に出かけることがなくなったけど、それはそれでいいんじゃないかな、って」。平日に夫は家族と一度も夕ご飯を食べない恵美は、「けっこう一緒に過ごしてる方だと思うので、とくにそうは思わない」とはっきり言う。

いっぽうイギリス女性の語りは歯切れが悪くなる。「難しい質問。夏休みはずっと子どもと過ごしているので『もう十分』だと思う」。そう答えた後に「I feel guilty about it.」と加える。「過ごすべきだ」と思うが時間が足りていない。まさに、家族とは、共にたくさんの時間を過ごすものであるという規範の存在を想起させる。また、単に外部からやってくる規範としてではなく、家族と過ごす時間そのものが喜びであるという感情も語られる。「息子たちが小さい頃はいつも一緒だったのに自律して過ごす時間が増えてしまって残念。もっと過ごしたい」（アリーナ）。そう語っていた彼女は西アジア系のルーツを持っているが、自律していくのは当たり前のイギリスで育つ限り、ティーンエージャーたちは勝手に親から離れていき、エスニシティによらず家族関係は夫婦に軸足を移すよう促されるのである。

子どもがいても夫婦関係を大切だと感じている発話にはドキッとする。日本でまず聞くことのない言葉だからだろう。「子どもとは十分過ごしているが、もっと夫といっしょに過ごしたい」と語るエマの父親、つまり孫がいる男性はいまも妻に花を贈り、愛情を周囲にはっきり見えるように態度で示し続けていた。その態度を習得している孫である幼い息子たちは、来客である私との別れ際に庭の花を摘んで渡してくれる〝ジェントルマン〟にすでに仕上がっているのだった。*8

共食と家族の意味

比較して明らかなように家族生活について、二つの社会で人々が抱いている意識の断片からは深い断層を感じさせられた。以下では、白紙から比較された価値意識の断片を束ねるというよりは、1章で示した生活時間というデータを基礎に置き、そこから意味解釈を塗り込んでみたい。

日本では普段の生活空間には父親の姿はほとんど見られないものの、それが正常（ノーマル）な家族生活である、と女性たちは感じている。母親と子どもがいればそこで価値ある家族生活が営まれていると信じられるのである。父親は夕食時に食卓を囲んではいないけれども、意識の水準では家族として統合されてそこにいることができ、不在はさほど意識されていない。それがときに母と子のみしかいなくても、「家族」がいると語りとして表現される。

陰膳《かげぜん》という習俗が手掛かりになるのかもしれない。この習俗は不在の家族に対しても配膳するというもので、かつては旅先で食に困らないよう祈念する意味合いが強かった。ところが旅の危険が薄らいでも「情愛の対象である家族と離れていても共にあるとの思いや健康でいてほしいとの思いが前面化」して持続していると佐々木陽子（２０１２）は述べる。食卓にいないけどいる事態をつくりだす魔術的解決法が日本には昔から準備されているようなのだ。さらに、日本では手作り弁当に愛情を乗せて渡すこともできる。離れている家族たちにも食を通じて感情を遠隔に送る操作がいくつも用意されている。

出稼ぎから単身赴任まで、日本人男性は家族のために離れて仕事をしている人がとても多いことはよく知られてきたが、じつは、社会史に基づくと子持ち女性すら、明治期から昭和に至るまで、出稼ぎをしてきたという知見がある（佐藤２００２）。乳飲み子は連れて歩き、少し育つと置いて出たようだ。夫も妻も出稼ぎに出るため、子育ては親類縁者のみならず村で保育所を作って支援していた。

ただし、この出稼ぎが女性の自由を意味していたわけではない。出稼ぎ先で厳しい行動上の道徳規制が課されている上に、お金も個人の手元に残るのはわずかだった。規則破りの代償は家単位での村八分であった。家《イエ》とそれを取り巻く共同体に強力に呪縛されているとき、自ら創る家族生活という単位が日常で確認される場は必要ない。家《イエ》と共同体に内包されているからこそ、そこに成員がいなくとも家族は成立しうる。時折戻って過ごせれば、それが家族生活として了解される。

少なくとも小学生の子どもがいる場合、イギリスでは毎日家族全員が夕食時に顔を合わせ、共に過ごすことが通常とみなされており、それが日常的にできない状態は特殊だと考えられてしまう。西洋で夕食を「仕事が終ってから家の者が全員で食べるのが望ましい」とされる歴史は長く、少なくとも中世から理念として浸透していたようである（ヘニッシュ1992）。この背景には、私的自由に対する欲求が増大しているなかで、「きちんとした食事は仲間全員で共にとるものであると常に強く主張された」という共食信仰の根強さがありそうだ。

つまり、食事を共にとることが仲間であることの徴《しるし》として機能してきた、という歴史的文脈から見るなら他の親族や家事使用人など様々な人々が排除されていき、残ったメンバーが父母子からなる核家族、すなわち最小単位としての仲間として存続したと考えると理解しやすい。これがいわゆる〝近代家族〟の誕生とつながる。仮に家族の食卓から頻繁に外れて共食しなくなると、仲間として認められなくなってしまうのだ。この価値意識のもとでは、父も母も仕事を終えて必ず家に戻って来なければならず、子も塾や習い事に出にくいであろう。

ちなみに主人が「他の人に肉を切り分けることは親切さのしるしであり、上品な気配り」であり、「育ちの良い男は隣りの席の女性のために敬意を表して肉を切り分けた」（ヘニッシュ）とあるように、女性は同じ食卓についているのが当然視されてきた。平等かどうかはともかく、長期にわたり「仲間」のなかに女性は含まれていたといえよう。16世紀に日本に滞在したルイス・フロイスが記した「ヨーロッパの男性は普通に妻と一緒に食事をする。日本ではそういうことは非常に稀である。食卓もまた別々だからである」（フロイス 1991）という記述は、時空を超えて重みのある記述ではないか。

大河ドラマの歴史考証がどれほど正確であるかわからないにせよ、日本女性が宴席で食事を配膳される側に回り、共に座って食事をとるという場面は登場しない。今もよくある光景だが、女性たちは食事をとる男性たちに配膳しお酌をし、それとわからないタイミングで食事をついばんでいる。500年も前から肉を男性に切り分けてもらうことのあった欧米女性との落差は甚大である。

食事を共にとることが仲間であることの徴《しるし》、という観念は日本の場合、むしろ家族以外の領域における男性の関係性において発生してきたのではないか。そのため、男性には家族より職場仲間と飲食を共にしている人も多いだろう。いっぽう、家族という関係性はそのように日々食卓で構築されなくても持続しうると、日本では見做されてきた。若年層が職場の飲み会を好まなくなって家に帰るのは、その関係性が揺らぎつつある予兆なのかもしれない。

ひとが生きる上で食を共にする仲間が必要だとしても、その仲間は家族でなければならないとも限らない。けれどイギリスのように家族が食を共に過ごす仲間であって、食事をする時間自体が崇高な意味そのものであり続けるのなら、家族の機能がどれほど外部化し代替されてもすぐに壊れようとも、家族は創り続けられるであろう。逆に家族が全員で過ごすことにさほど価値を与えない日本では、子の育ちに差し支えない限りで、母が寄り添い父が給料を運ぶ分業が成立しうる。この価値意識のもとでは、家族の機能が代替されていくにつれ、家族を創る必要性は薄れていくのかもしれない。

＊1　いまでこそ、家事は無償労働としての地位を獲得しているが西洋においてその道のりは楽ではなかった。他方日本語圏では家事は労働として受け止められやすかった（品田１９９９）。

＊2　イングランドのみを対象地域としているが、表記として馴染むイギリスとした。

＊3　質問文と順番はおおよそ決めてあるが、会話の流れによってはインタビュアーが柔軟に質問を加えたり順番を変更することを受け入れるインタビュー形式とした。

＊4　内容分析にあたり解釈し記述する手続きに課した四つの原則と一つの附則原則。
原則1：設問に対する同質性の高い発言（例外は1、2例）に着目し、象徴する語りを項目として抽出。
原則2：設問に対する語りが収束しなくても、複数の明確な語りから内容の同質性が推定された言葉を項目として抽出。
原則3：他設問との関係から連続して解釈にいたる根拠が明確な語りを項目として抽出。
原則4：インタビュイーのユニークさからくると解釈できる語りは項目化しない。
附則5：抽出項目に強い反証をもたらす関連発言がないかどうか、全体の設問を通してチェックする。

＊5　Children under 12 are rarely mature enough to be left alone for a long period of time.（The law on leaving your child on their own）

＊6　外国で現地の子どもの保育や家事をし、ホームステイ先の家族から報酬をもらって生活する留学生。

＊7　全寮制の寄宿学校。中学・高校生年代からの私立学校は全寮制であることが多い。

＊8　協力者の親の住居でインタビューをしたので遭遇した情景である。

終章
離れても共にいても家族

品田知美

離散して過ごす家族型

「なぜ一緒に過ごさないのに家族なの?」調査のためにロンドン郊外に滞在していた時、立ち寄ったコインランドリーの店員から投げかけられた質問が、ずっと胸に刺さっている（品田２０２２）。流暢でもない英語で、調査外でのやりとりなので記録もなく正確な表現だったのか思い出せない。でも確かにそんな内容だった。うまく答えられなかった記憶が焼き付いている。英語の問題というよりも、どう答えたら良いのかわからなかったのだ。「それもそうだなあ、なんでだろう」と。

南アジア系ルーツの顔立ちをした彼女は、観光しに来ているとは思われない様子の日本人に興味を持ったようで、家族についての調査研究が滞在目的であると伝えたら、冒頭のような質問が飛んできた。日本人の長時間労働や過労死などの様子は、イギリスのTVでも放映されているそうで、よく知っているという。彼／彼女らから見て日本の家族がとても不思議に見えるのだろう、と分析を終えたいまはそう思う。たぶん裕福とはいえない暮らしをしている彼女に、要するに同情の眼差しを向けられたということだ。

「お金のある国に住んでいるのに、どうして家族と過ごすこともできないの？」、という意味なのだ。

ふだん一緒に過ごしたい人たちが家族なのであって、そのために仕事をする。その感覚の社会にいたら家族あっての仕事なのだから、死ぬほどまでに働いてしまう意味がわからず、どこか転倒しているように感じるのだろう。産業化していない社会で日本人に投げかけられがちな疑問と同じだ。「なぜ家族を持てないのか？」いや、持てないというわけでもなく持たないのだけど、それにお金が足りていない、などと言ってみても伝わらない。彼らこそお金はないのだから。家族と過ごす時間が人生の意味そのものであるひとびとは、容赦なく問いかける。

もちろん、日本人に聞いたら、多くが「家族のために頑張って仕事をしている」と答えるだろう。家族のために大事なことが社会によって違っているだけである。夕食時に食卓に座っているよりは、残業をし昇進してもっと稼ぐ方が大事だと考えるなら、それが家族のためなのだし、成員は受け入れるだろう。もちろん長時間労働しないと職にとどまることができず、暮らしていけないからだ、という見立てもできる。日本の法制度上、残業が職務命令として認められる範囲が広いのも事実である。

しかし、残業させやすい法体系に異議を申し立てる人が少ないからこそ、制度が持続し続ける。形式として民主的な社会で長期にわたり続く制度は、結局社会の構成員が維持を望んだものだ。誰かのせいだといい逃れようもない。人々がまともに暮らせるように、と熱心に社会活動をしながら、自分は家族と一緒に過ごさない人が多い日本で、長時間家から出払う行為は広く行き渡っている。つまりは社会によって「まともに暮らす」の意味が異なっているだけで、良い悪いではない。ふだん離散して過ごしていても時折集合すればよい関係、これが日本の家族なのである。子どもは夕方から塾にでかけて夕食は勉強の合間に弁当を食べ、来たる受験に備える。その間父親のみならず、フルタイムの母親も安心して残業する。みんなが家族で過ごすよりも意味があると信じているる活動をしに、外に出かけて頑張る。これを離散型家族と呼ぶこともできよう。単身赴任や出稼ぎも、離散型家族を標準とする考え方を延長するなら、抵抗がないと解釈できる。今なら、コインランドリー店の彼女の質問に「離れていても家族らしく感じられる社会もあるんだよ」と返せるかもしれない。

この家族型での再生産がすんなりいかなくなった理由は、かつてならひとり家に残ってさまざまな雑事をこなしていた主婦たちがいなくなってきたからだ。かくして立派な家が建っても中にひとはいない。いまどうにか再生産しているのは家族成員の頑張りを支えようとする女性が残っている家族だ。それでも、主婦も少し外に出たほうが稼げるし家《イエ》の目的にもかなう。歴史を振り返るならずっと働き続けてきた自営業家族の女性たちは、働く場所を農業からパートに変えて家事も仕事もやるようになり、むしろ忙しくなった（熊谷1998）。

さらに家《イエ》がうまく回るための掟はこうだ。主婦自らは「意味があると信じている活動」が家事・育児以外に自分にあったとしても、そのために成員を振り回さないで身を捧げるという確約をすることである。これが日本女性の置かれている家事・育児にさわりのない範囲で仕事もしてください、という政策に具現化した価値システムである。世間から具体的な「意味があると信じられる活動」への目標が与えられているとき、この家族型はうまく回りやすい。家《イエ》の成員が一致団結しやすいし主婦もそこに意味を見出せるからだ。戦前には外部の敵に対して国を守りつづけること、戦後は復興と経済成長をなしとげる活動に意味づけがなされていた。バブル崩壊後には価値体系が拡散して、家族ごとに意味を見つけ出さなくてはならず混迷が深まった。これが日本家族の現在地であろう。

家族団らんを推奨する国家

明治期後半の日本社会には、国定教科書に「食卓での家族団らん」が登場した。知識人たちが「家庭の和楽」を説き、その象徴が食卓であった。表真美（2010）によれば、明治20年代に西洋の家族と日本の家族を比較した記事がいくつも著され、『西洋諸国』は食事を楽しむ習慣があるが、日本では食事中の会話を禁止するなどして、食事の楽しみを重視しないこと」が嘆かれていた。考えてみれば支配層が熱心に家族団らんを説き続ける国家とは奇妙である。

近代家族の黎明期ともいわれる大正時代の家族の実像が、とある新中間層の家族を通して「つかのまの団欒」として描かれている（沢山2013）。「団欒遊び」の一つ花合わせを学者の父を交えて家族でした記憶を、当時の子どもである艶子は「父は何時でも二階にとじ籠って勉強ばかりしていると思っていたので、そんな風に笑ったり遊んだりする父を見るのが珍しくて不思議で仕方がなかった」と記している。一つ屋根の下にいる時間が長くても遠い父親と子どもの風景。凝縮した形で子どもの記憶に刻み込まれた家族の団らんの光景は、団らんがいかに非日常であったのかを物語ると沢山美果子は述べる。自ら馴染みのない家族関係を理念によって作ろうと目指されるとき、現場にちぐはぐな痛みを伴う家族像が出現している様子が夫婦と子ども三者の目を通して再構成されている。

慣れない文化の啓蒙活動では、人びとの心に響きやすい機能を乗せていこうと試みられる。「国を治める人材育成のために重要な子どもの家庭教育において（傍点筆者）、食卓は中心的役割を果たすこと」（表２０１０）。この含蓄の深い記述は、タイムスリップしても違和感がないほど現代に重なり合う。平成の終わりに行われたインタビューでも同じような言葉が語られていたからだ。夕食への夫の不在について、「子どものためによくないのではないか」と母親は心配をする。食卓に父親の姿がないことの懸念とは、子どもの家庭教育において懸念材料なのであって、夫が不在であること自体が嘆かれているわけではない。

３章で日本家族におけるリビングの特徴が写真からまとめられているように、リビング空間は子どものための空間になりがちである。この延長に「リビング学習」があるのだろう。高学歴の父親は、母親に代替して育児負荷を減らすのではなく共に子育てに関わる（Taga2016）傾向があるように、子どものために父は家に戻ろうとする。父親の育児参加が子どものために必要である、という暗黙の仮説のもとで研究がなされるなら、参加のない子どもより参加のある子どもの方が良い、という仮説が検証されるだろう。もしそうなら、父親の大半が不在がちである社会は最初から子の教育が足りていないという結論になるだろうか。石井クンツ昌子（２００９）は父親の子育て参加に関する先行研究を踏まえて、研究に理論的視点を変える試みが望まれると指摘している。

現在の教科書でも「家族との団らん」は重視されている。家庭科教科書には、家族との団らんのよさ、大切さに気づくこと、団らんを工夫すること、が学習目標に入っている。あろうことか、子どものほうからお茶を用意してみんなでいただくようにすれば、楽しくなごやかな時間を過ごせる、とすら教えている。工夫例としては「休みの日の食後に紅茶をいれて、会話を工夫してみる」となっている（開隆堂「わたしたちの家庭科５・６」２０２０）。このように、工夫しない限り団らんの時間は得られにくい、という現実が踏まえられていることは、調査結果からも想像できる。

１００年にわたり続けられた「家族は共に過ごした方が良い」とする啓蒙は、少なくとも結婚している女性の意識までは浸透したようだ。「食卓は、家族全員が集まる大切な場だと思う」という質問に対して賛成する有配偶女性の割合は、95・7％に達する（野田２０１５）。ただし、現実に全員が夕食時に食卓を囲んでいる機会は少ないので、賛成という意識があっても実現されなくて構わない程度のポジショントークかもしれない。野田潤は「家族の絆を作るのは食卓でなければダメだ」と考えている人が半数を上回る程度であることを示し、その意識を「食卓中心主義」と名付けたが、この割合の方が素の意識に近そうだ。

ちなみに、2012年の調査では、核家族で20歳以上50歳未満の妻で子どものいる3人に1人が「毎日のように」家族全員で夕食を共に食べている（品田編2015）。「食卓中心主義」は2人に1人なので、実現できていない人も多いとわかる。インタビュー対象のイギリス女性たちは、意識の上で「食卓でなければダメ」と考えているかどうかはわからないが、現にほとんどの家族が実践している。

どの社会でも資本・あるいは国家は労働者を安く長時間働かせようとする。イギリスでも産業革命黎明期に、企業の側は子どもだろうと女性だろうと長時間労働をさせていた経緯があるが、長続きはしなかった。イギリスの労働環境を変えた「柔軟な働き方」の法制度策定にしても、施行される前から働く人が個別に勤め先と交渉しており、むしろ政府は事後的にこの法律を制定している。労働時間の短縮や賃金上昇は、市民が資本や国家に対峙してもぎ取ってきた権利なのである。経済成長がなしとげられても、労働者を長時間働かせ続けることに成功し続けられている日本や韓国のような社会は稀有なのだ。そして資本や国家にとって都合の良い家族のありかたと蜜月を過ごしてきた両国は、厳しい出生率低下に見舞われている。

公（オオヤケ）と私（ワタクシ）

産業化した社会では、有償労働が公的な領域、無償労働が私的な領域に分離したとされてきた。労働者を安く長く働かせ続けられている稀有な社会の謎を解く鍵は、この二つの領域への価値づけの差異にあるのではないか（品田2007）。ここでは、歴史的な由来に着目して、公的／私的領域のあり方を紐解いてみよう。

日本の「家」とは何かを考え続けた有賀喜左衛門のオオヤケ／ワタクシ論を踏まえ、日本の都市空間における公共性を観察し考え続けた藤田弘夫（2009）によると、西洋のPublicと日本語の公やオオヤケ、またPrivateと私やワタクシの間には大きな意味の相違がある。藤田によれば東アジアで公は正しく私は貶《おとし》められる。結果として東アジアは「公私闘争」モデルで公は拡大する傾向にある。西洋は「公私分割」モデルの社会であり、「真理や正義に関する問題は宗教の世界に属する事柄で、世俗世界のパブリックープライベイト関係の外の問題である」。公が聖性をおび、私が俗として貶められる東アジアのように公私に聖俗関係がもちこまれない西洋では、価値意識に上下がつかないという。

「公」の方が価値が高い社会では、「私」に耽溺していると外聞がよくない。昼間からプラプラ歩いたり、海辺で寝転んでいたりすると、なぜか後ろめたい感じがただよう理由がこれだろう。とりあえず忙しいふりをして、公的意味をもたせる活動に従事したほうが尊敬されるということだ。天気のいい日のバルセロナのビーチのように、海辺が季節を問わず大勢の人で埋め尽くされている、といったようなことは起こりえない。そこに集うことは価値ある行為として認められにくいのだから。日本中に素晴らしい浜辺や緑地があっても、特定の季節と場所を除いて、どこも人影はまばらである。花見や祭りの時期に、みんなでいっせいに遊ぶほうが好まれる。

つまり、労働者が長時間働いてしまう理由の一端は、仕事が公的領域とされていったことのみならず、価値づけに序列が存在しているからではないか。この序列がある社会に近代的な公私領域の分離が入り込んだ時に長時間労働が起きやすいとも考えられよう。有償労働のほうが無償労働よりも尊ばれるとき、仕事をしていないと人間として不足であるような扱いを受ける社会の圧迫感は、ここから来ると説明できる。公私に聖俗関係の意味が割り振られていなければ、仕事をしている時間と、家族や友人知人と過ごしている時間はどちらも価値あるものなので、仕事のみに集中していく力学は働きにくいし、有償労働、すなわち生産性が人間の存在という価値づけに直ちに連動することもない。恐ろしいほどに世間を覆い尽くしている高齢者や障がい者差別の源泉もここにある。

そのような私的／公的空間の配置とジェンダーがどう絡んでくるのか。空間的配置について、江戸時代の武家住宅の特質として表と奥の分離が知られている。表と奥を社会的な役割から導かれた公と私の領域と関連づけて理解したほうが明確になるという指摘がある（大橋2017）。武家住宅の空間配置と人がどう関連しているのかを読み解いた大橋正浩によると、女性と子どもは私的空間へと留まっており、公的空間に足を踏み入れることは許容されず、男性のみが公的空間から時折私的空間へと移動する。韓国の住宅ではさらに明確に男性の生活空間である舎廊棟《サランチェ》と内棟《アンチェ》を区分する伝統もある（平井2013）。

大正時代の新中間層向けに設計された住宅にも当初は男と女、二つの居間があったとされる（沢山2013）。書斎兼客間が表の公的空間、家族の居間と茶の間が内の私的空間に分離されている中廊下型住宅様式である。新しく登場した家族形態に対して、実態として分離していた夫婦の役割とそれぞれの時間を空間的に確保する住宅様式が、伝統と接続して具現化されたのだろう。茶の間は明治期に、北側の女性たちの居場所近くに食事のための部屋として出現したあと、大正から昭和初期に南側の主人のいる部屋へと移動していったという（平井２０１３）。ちょうど日本伝統の銘々膳による食卓方式から、ちゃぶ台への移行期と重なる。妻子が夫と食事を共にする場所を得たのは、この頃からにすぎない。家内と奥様という呼称には空間配置の名残が乗せられている。

他方、西洋で私的空間とは何を意味しているのか。個人空間がどのように誕生していったのかを追ったイーフー・トゥアン（２０１８）によると、長らく支配階級はプライバシーのある空間の確保に苦労してきた。屋敷は常に公衆の目にさらされてごった返していた。奥に進むにつれ部屋は排他的になり、より内密な生活の可能性を提供した。栄誉という観点からみるなら、奥に行くほど高くなり、そこはプライベートな場所なのである。身分の区別があったとはいえ、場所の意味には性別の分け隔ては持ち込まれない。つまり空間的な奥の概念には日本とは根本的に異なる価値づけがなされている。

奥まったところにあるプライベートな空間に、ジェンダーをからめずに高い価値を与える西洋社会と、奥に女性と子どもを配置して私的空間とし、低い価値を与えてきた日本社会の歴史の違いを振り返るならば、家族の近代化にともなって仕事という公共領域と家事・育児という私的領域の分離がなされた、という共通性に基づいて、日本に〝近代家族〟が誕生したとする解釈には慎重でありたい。

仕事に吸い寄せられる原理

公と私の価値づけに優劣があると仮定すると、働きすぎ社会が生じる理由を説明しやすい。1章に述べたように、日本および韓国では極端に男性の労働時間配分が有償に傾き続けている。公のほうに高い価値が付与されている社会では、人ができる限り公に参入しようと吸い寄せられていく力学が生じるからだ。5章で「聖域化している仕事」と述べたが、いまや単なる比喩ではないと強調しておきたい。異なる価値体系のもとでひとはどう動くのかについて論じているデヴィッド・グレーバー（2022）は「価値とは、行動者が社会の一員として自身の活動に意味を見出す仕方である」と述べている。現代日本では仕事が一元的価値としての公であろう。

ただし、時代によって公の中身は変化してきた。現在は産業化に伴った公私分離が社会の隅々まで浸透した上で、優劣が加えられた社会なのだ。賃金の支払われる有償労働が公的領域となるまでには、明治開国以降少し時間がかかったことも知られている。明治期の中間層は当初新しい働きかたであった雇用労働に疑念を持っていたが、国家のために賃労働に出るよう支配層に促され、しぶしぶ彼らの子どもたちが送り出された。職業と結びついていた身分制度が曲がりなりにも崩れて開放性が高まり、社会移動の可能性が広がったと同時に、公的領域が賃労働へと重なり合ったのだろう。公的領域への参入をめぐり熾烈な争奪戦が繰り広げられるようになったのは、その後になる。

東アジアの「公私闘争」モデルにより、明治期以来の立身出世志向から現代の過酷な就職活動へと地続きな人びとの熱意を統一的に解釈できる。「公が拡大しやすい」という特徴は、生活時間のデータと重ね合わせると、東アジア3ケ国では有償労働が長く無償労働が短いという共通性と整合的である（品田2016）。1章に述べたように、日本人の無償労働は女性に集中しているとはいえ、全体で平均すれば短い理由の一端もここにあるだろう。さらにどうやったら短くできるか、という記事がいまもメディアでは繰り返される。それほど社会で忌避されがちなのが私的な領域となった家事・育児なのだ。

じつは、産業化の黎明期に、社会の行く末を気にかけていたデュルケムは、仕事をめぐる競争の激化を心配している。人口増をきっかけに人々の生存をめぐる闘争が起きるがゆえに、人類は専門化すなわち分業化を進めざるをえない、と彼は説いたのだ（デュルケム1989）。異なった職業へと分化していけば人は争わずにすみ共存できる。生物が多様性を発達させたように人類は職業を多様にするとデュルケムは考えていた。ちなみに、生産性の増大はこの現象に付随する結果にすぎないとすら彼は述べている。

ただし、女性が結婚して家族の家事・育児の専従者となるさまを、社会分業が進化した安定形態であると捉えたデュルケムは大きく間違えていた。ジェンダーで割り振られた無償労働は、対価が払われる職業と同列には扱えなかったことを、歴史は証明した。貨幣を介した市場交換や再分配が優位な近代社会では、貨幣が浸透していない社会における分業と同列に扱うことはできなかったのである。

フランスにいたデュルケムは近代化とともに公が際限なく拡大しやすい「公私闘争」社会を、想像できなかったのだと思う。「公私分割」社会では、私的領域の確保を続けようとする熱意が大きいので、時間配分に制限がかかり私領域がそこまでやせ細らない。いっぽう、公が再現なく拡大しやすい「公私闘争」社会でも、職業が階層と結びついて閉じている身分制が残る間は、それぞれの階層内で闘争が完結するので激化は抑えられる。階層の垣根を超えられる可能性が低ければ、人はそこまで無理はしないからである。階層の開放性が高まっていて競争が激しくなるとき、「公私闘争」社会では長時間労働が起きやすくなると結論づけられる。

ジェンダーの2分割が強まる構造

男女平等という問題には一筋縄で捉えきれない複雑さがある。序章に述べたように現在日本社会の特異性はジェンダー領域に明瞭に現れている。ジェンダーギャップ指数（GGI）の順位のうち、特に政治分野で極端に低い。経済分野はそれなりに参画しているが、管理的地位に入り込めていない。要するに日本女性は意思決定から徹底排除されている。いっぽう、初等教育や女児の出生比率などは最高水準にある。なので、人間開発の基本的な側面である健康、知識、生活水準における女性と男性の格差を測定したジェンダー開発指数（GDI）は167ケ国55位だし、ジェンダー不平等指数（GII）[*1]は162ケ国24位とGGIほどは低くない数値となる（いずれも2020年）。社会が女性と男性に割り当てている内容ごとに、順位が極端に分かれているところに特異性が表れている。

そこに、日本におけるフェミニズムが抱える特有の難しさがある。統一的な観点で女性は不平等に扱われている、という共通理解に至ることができないのだ。東アジアの他の国、中国や韓国で男児選好が見られるように、「公私闘争モデル」で公的領域が肥大化していき、男児が選好される社会で女性蔑視は系統だった現象と捉えられる。その分女性もフルタイムで地位獲得競争にガチで参入するしかないし、すでにそうなりつつある。

東アジアの「公私闘争」モデルのなかでも、日本には「闘争を回避するために、公私を曖昧にしておく特徴」があるという（藤田２００９）。たしかに私的な領域に限ると、女性の地位が低くないとみせる仕掛けは社会のそこかしこに散見される。例えばクレヨンしんちゃんやサザエさんのようなアニメで、家庭の中での妻の地位が高そうにみえる雰囲気が醸成される。家父長制の実態を見えにくくする文化装置の一つであろう。

また、夫は自分の給与なのに妻から小遣いをもらう不思議な社会ともいわれる。そういう世帯は確かにある。けれど、小遣い制にするかどうかの意思決定に夫が参画していて、最終的な金銭配分における決定権が夫にあることが忘れられている。口座が個人名でしか組めない日本では、給料が夫の個人口座に入金されていくのだから、銀行の家族カードが使えても、婚姻中の経済基盤は稼ぎの少ない妻のほうが脆弱になる。いつでも夫は銀行口座を閉じることができるのに対し、最終的には妻にアクセスの権利がないからだ。イギリスでは婚姻すると共同名義で口座を作ることから始めるのが一般的なので、そのような事態は起きにくいし、離婚すると経済弱者のほうを保護する制度もあるようだ。

また、日本の離婚は世界一簡単な手続きとも言われる協議離婚が9割を占めているので、原因がほとんど把握されていない。わずかな調停離婚で把握されている理由によれば、慰謝料や養育費とりきめ以前に、妻が気付いたときには夫が経済的に破綻しているという状況が多い。大半の婚姻がそうであるように夫に経済的に依存している場合、妻が銀行口座にアクセスできなければ、妻は直ちに資金繰りに困る。生存のための首根っこを押さえられている以上は、家庭でも女性の経済領域における意思決定は排除されているのが現実だろう。

世帯主が適切に収入を世帯員に配分するという性善説のもと、さまざまな給付金も多くが夫の口座を経由して支払われる。世帯主にその気がないと弱者の手元に原資が届かない、そのようなことが生じやすい制度なのである。周囲から世帯主に被せられる責任はもはや消えかけているのに、権力は行使できる。結果として経済弱者に残されているのは、逃げる、という行為だけとなる。これがひとり親の高い貧困率を招いている仕組みである。家事が女性に極端に集中している南アフリカと日本で、ひとり親の貧困率が高いのは偶然ではない。

こう考えてくると日本の「公私闘争」のありかたは曖昧ではない。公＝男性、私＝女性と明確に貼り付けた上で公の価値を上に置き、闘争の増大を回避してきたと理解できる。明治期以来少しずつ社会階層の開放性は高まってはいたが、1980年代まではジェンダーの固定化によって、実質的に半分の社会成員しか公的領域に参入できないという点で、「公私闘争」はやや抑制されていたともいえる。

日本において雇用機会均等法成立以後、形式的には男女の雇用機会に差を設けられなくなり、女性の公的領域への参入可能性が開かれた結果として、公私闘争には拍車がかかったのではないか。1章で明らかなようにこの時期、仕事を減らした妻の無償労働に支えられて、妻子ある男性はさらに長時間働くようになった。家事・育児・介護を自ら引き受ける女性たちは、戦いに参戦する条件が整わず、戦う前から負けが決まっている。これが日本の女性たちが地位闘争で圧倒的に敗北する理由だ。

もっとも、日本における公と私の振り分けは、市場経済がほぼ社会の全域を覆うようになった産業化以前から存在している。公的領域が「市場経済的なもの」と重なる以前には、生存の基盤という点から考えるならば、私的領域にもう少し重みがあったのかもしれない。奥の世界は台所とつながっていたし、総菜店のない世界で日々食事が提供されなければ、生きるに事欠くだろう。あらゆるモノが市場で取引される社会になると、無償で食事提供をする人の地位が低下し金銭を稼ぐほうが手っ取り早くなる。事実「コンビニさえあれば生きていける」と安堵している単身者は多いのだ。

「公私分割」モデルの社会であれば、価値が二元化しているため、男性にも私的領域への参入がもうすこし促されやすいかもしれない。仕事のみに集中している人が魅力的に映らない。女性も同じで、公私領域でバランスをとるよう迫るという意味では厳しい価値意識の社会となる。仕事が主な価値の源泉である社会ならば、よい仕事さえ目指せば、少なくとも男性は家族を持ちやすい。ただし、私的領域に男性の居場所が用意されていない社会は、男性は公的領域で闘争し続ける道に常に追い込まれるため生きづらい。反転すると公的領域から撤退してひきこもってしまうひとが多くなる。

いっぽう、女性には割り当てられている私的領域で家事をする道と、その周辺をとりまく「女性的な」仕事が用意されている。そこからはみ出そうせずに、世帯主の傘の下で過ごすなら地位はさほど低く感じられなくてすむ社会なのである。ただし公的領域で地位上昇しやすい属性を持つ高学歴女性は、男性を脅かす存在として潜在的に恐れを抱かせるため排除されやすい。「フェミニズム」が妙に階層的ねじれを持つ思想として受け止められがちな素地がここから生まれる。張り巡らされた社会装置によって、性別役割分業があっても、領域分割されているだけで、男女は平等だという主張を受け入れる意識が残っている。

子どもを持つ／育てる／過ごす

生存をめぐる社会分業闘争が人口増加とともに開始されるとするなら、この公に上位の価値を割り当てる「公私闘争」社会では競争が激化し、結果的に急速な人口減少がもたらされて闘争が抑制される帰結をもたらすのではないか。そして移民は競争を高めないよう限定された職業でしか開放が好まれないだろう。母子で留学して英語を学びグローバル企業への参入を目指すための教育をする韓国の親たち。高学歴化の行き着く果て、よい仕事への参入をめぐる激烈な競争は、韓国で極端な低出生率（2022年、0・78）をもたらした。

日本でも親の教育熱心さはさまざまな歪みをもたらしている。「母親の有償の愛」は、次の世代をより上位の階層へと送り込むミッションを帯びて過熱している（品田2020）。そして、子どもが少なくなると、階層の維持あるいは上昇へのミッションはジェンダーの垣根を超えてはたらく。家《イエ》として公私闘争に勝ち抜けるなら、女性でも良いのである。

人生において意味あることが、子どもと「過ごすこと」そのものでなければ、よい仕事への接近が優先される。これが少子化の根幹に横たわる価値意識であろう。このまま意識が変わらなければ、さらなる出生率低下もありうると思う。

ところで、「子どもを持ちたい」という希望は必ずしも「子どもを育てたい」「子どもと一緒に過ごしたい」という意味を含意しない。少子化の問題を語るとき、多くの人はその違いを弁別せずに異なる意味を被せている。筆者もそのひとりだった。本書の執筆に先立って、「家族を持つこと」をタイトルに掲げて学会発表を行ったとき、ある参加者が、子どもを産むとか配偶者を得ることに中心を置いている研究だと思って聞きにきた、と少し残念そうにつぶやいた。なるほど確かに。子どもを持つことと、過ごすことの距離は人によっては遠いのだ。筆者は「家族を持つこと」を「過ごすこと」と無意識に重ねてタイトル付けしていたのだと、その時ハッと気付かされたのである。

たしかに、歴史を振り返ると子どもを産むひとが育てるとも限らないし、育てるという内容にもあらゆる形態があった。かつて支配的階層にいる女性は自ら乳をやる必要などなく乳母に頼ったし、日々手を汚しながら奮闘する育児行為などしていない。昭和初期の雇用世帯の母親たちには子守もいて、自営層では手厚い育児などする暇もなく日々の労働に追われた（品田２００４）。いまも珍しくないことだが、祖父母や親戚に預けて仕事に出るのが「嫁」の務めだった。かつて母親の大半が長時間子どもと一緒に過ごす育児経験をし始めてから、私たちの社会はたかだか数十年しか経っていない。

だが、現代では子どもを持つことの含意は、育てること／過ごすことに限りなく近づいている。育児時間はあらゆる国で増えている。近代的な子育て観は親と子どもとのかかわりを求めるからだ。子どもと「過ごすこと」に価値を置く社会では、長時間仕事をすることへの罪悪感がさらに払拭しにくい。忙しさに押しつぶされているアメリカのワーキングママの悩みが広く共感を呼んだ著書の中で、ブリジッド・シュルテは「自分は子どもと十分に過ごしていない」という悩みを繰り返す (Shulte2015)。個人的には、毎日学校や習い事に送り迎えをして誕生日パーティを開く彼女の日常を読みながら、十分いっしょに過ごしているんじゃないか、と感じてしまうのだが。

日本のように、子どもと「過ごすこと」にそこまで価値を置かない社会にいると、仕事に邁進する親がサンクションを受けにくいという側面もある。「子どもがほしい」という欲望と「子どもと一緒に過ごして、育てたい」の間には、意外にも深い溝がある。誰かがちゃんと育ててくれるなら子どもがほしい、という人もいるだろう。

仮に「子どもを持つこと」を中心に据えるなら、誰が育てる人であるのかをさほど気にする必要がなく、母親以外の誰かに育ててもらいやすくすればよい。90年代以降の日本の少子化対策は、基本的にこの思想の具現化が目指されたと思う。5章で無償労働と趣味を切り分ける定義にあたって、「第三者による代替可能性」という原則を紹介したように、代替できるなら無償労働であり、できないなら趣味である。これに照らすなら、子どもを育てることが誰かに育ててもらえば良い行為である限り、それは無償労働でありつづける。しかし、育てることや一緒に過ごすこと自体に意味を見出すなら、子育ては自由時間の「趣味」に近づいていくだろう。

育児のうちでも「一緒に過ごす」行為の意味づけはさらに曖昧である。行動分類には「家族とのコミュニケーション」という項目もあり、まさに家族との団らんに近い項目は「社会生活基本調査」では、自由時間に分類されている。食卓を囲んでいればその時間は「食事」が一次行動で、二次行動が「家族とのコミュニケーション」になる。さりとて、日々子どもがリビングでブツブツ喋っているのを聞いたりおしゃべりをしたりする、それは母親の自由時間なのだろうか。育児に限りなく近い行為の多くを「生活時間調査」は十分掬い取れていない。現実には育児を仕事、と表現している人も多い中、当事者がどういう感覚で過ごしているのかによって、捉え方は大きく異なるだろう。

しかし、婚姻という大人成員間の関係構築と違って子どもは弱者である。いったん親となると、子育て当事者が背負うことになる責任は極めて重く、途中でやめたり放り出したりすることは原則できない以上、子育て時間がいくら楽しいものとなっても「趣味」にはなりようもなく「義務」的な時間と解釈されるであろう。保護責任を負う時期は成人するまで続き、稼げないうちは経済的にも支援しなければならない。かつてに比べると手厚くなった子育ての水準を満たしきれないと、本人が気づかないうちに虐待になってしまうこともある。子育て規準はその時代・地域の社会が決めているからだ（品田2004）。現実には子どもを「持つこと」に憧れて授かりながらも、「育てること」で行き詰まる人がいるのは当然だ。

「子どもを持つ」、「育てる」、「過ごす」をすべて同じ人に一致させようとする力学が働く限り、誰もが子どもを産む状況は想像しがたいが、このような厳しい環境のもとで、あえて子どもを持つ選択をした親に大切に育まれた人びとが次世代の社会を作るなら、近未来社会の価値意識には意外なほど急速な地殻変動が起きる可能性はあると思う。

家族は呪縛する存在なのか

20世紀の近代社会を、「家族」が人々の行動と思考をこれほどまでに呪縛した時代、として相対化することができる、と上野千鶴子は述べている（上野１９９６）。21世紀も20年あまりが過ぎて、確かに自らの家族を創ろうとする人は減った。だからといって、呪縛されている人が減ったかどうかはまだわからない。生まれ育った家族との関係は簡単に断ち切れるものではないし、成人しても親との関係性に悩まされている人が多いからだ。そこまで強く個人を呪縛する家族とは、どういう存在なのか。

有賀喜左衛門の家族論を克明に読み解いた熊谷苑子によれば、日本の家族を論ずるにあたっての有賀の前提は二つある。一つは「家族とは通文化的な概念でfamilyに対応する」という設定であり、二つめは、「家族は、日本では、家である」という設定である（熊谷２０２１）。上野もまた家《イエ》を日本版近代家族とみなしている。有賀の設定に上野が付け加えたのは、家《イエ》の近代家族性という論点だ。まとめると、呪縛からの解放をめざす家族像とは、「家《イエ》でもある日本版近代家族」となる（上野１９９４）。

つまり、憲法や民法が変わろうとも、日本版近代家族が家《イエ》のままであったから、革新勢力はそこからの解放を目指した。いっぽう、家《イエ》を日本社会に存続させようとする勢力は、保守政治家を支え、最終的には憲法や民法の方を戦前の家《イエ》の論理に適合的な制度に引き寄せようとする。保守勢力は安倍元総理の長期政権を得て、かくれた制度をみえる制度に具現化してきた。例えば、家庭教育支援条例の導入などもその一つである。保守政治は常に個人を家族に埋めておく方向へと引き戻そうとする。

だがその改変は現実とのずれを拡大しただけではなかろうか。すでに女性たちは自らの職を得て個人の人生を生きようとしている。夫婦別姓を望む人もしびれを切らして婚姻制度に見切りをつけ、事実婚を選び始めている。家族という問題は政治の領域で鋭い対立をもたらしてきた。そんな議論を踏まえず2023年4月に新設されたばかりの「こども家庭庁」という古びた名称は、若い人びとに訴える力はないと思う。

ただし「家《イエ》でもある日本版近代家族」が日本の家族のひな型とされ続ける限りであるならば、いずれの政治勢力が目指している家族像にも、さしたる違いがないだろう。日本的な自我は個人ごとに形成されておらず「集団我」として存在していると理解した南博（1983）によると、日本人の「家族我」は「集団我」の典型的なかたちである。「母子未分化の一体感が強く、それが幼児期をこえて長く持続」しており「母親にとっての家族我は、まずこの母子一体感に根ざしている」。筆者もまた、母親を主体として出現させにくくする制度変化が、むしろ80年代に強まったと指摘している（品田2004）。

呪縛というほどに息苦しい家族の関係性の源泉、あるいは端緒がここだ。自我のレベルで呪縛されるとき、人はどんなに家族と離れていても常にまとわりついて離れない苦しさをもたらされる。だからこそ縁を切ったり、強い言葉を発したりして断ち切ろうとする。自立をめぐる病の根が隠れている。

「集団我」というかたちで自我が形成されている状態では、人が同時に二つ以上の集団に属すると困難に陥りやすい。家族と会社組織二つの集団に属すと自我が引き裂かれてしまうからだ。[*2] 一つに絞ろうと防御していくと、Hikikomoriのように家族から出られなくなり、Karoshiのように会社に同一化して死を招いたりする。かつての家《イエ》であれば家業というかたちで家族と仕事を同時に組み込んでしまうので、二つの集団に自我が引き裂かれずにすんでいた。明治期以来の文学は、引き裂かれる自我の問題を好んで題材にし続ける。産業化と戦後の民主化によって、従来想定していなかった事態が「日本的自我」に訪れて生じた精神の存立危機をめぐる悩みは、戦後も持続したのだと思われる。

男性を会社、女性を家族、に貼り付けていた時代にはこのシステムでも機能していた。会社に家族まるごと包摂させてしまえばよいからだ（品田２００７）。住居も娯楽も生活の一切を提供する会社組織のありようを、炭鉱労働者の家族に典型的に見ることができよう（嶋崎ほか編２０２０）。貨幣を介在させないツケで買い物をするとき、個人は会社組織の外部で消費する自由はないが、多くの会社は貧しい出自の若い人びとに社宅を与え、妻子に手当てを出し、子どもたちを運動会に招き、保養所を提供してくれる温かい存在として魅力もあった。

しかし、女性個人の個性を生かした職業選択と本格的な公的領域への参入は、一つしか所属できない集団という考え方とは両立しにくい。転勤が不可避な企業文化のもとでは、夫の赴任先が決まれば妻は自分の仕事があっても辞めてついていくほかない。家《イエ》になりかわった会社が個人を超える存在として振る舞い続ける。これが、労働に従事している女性がこれほど多く正規雇用から排除されがちな理由でもある。

また、日本組織で女性が排除されがちな理由はメンバーシップ型の雇用とも関連づけられている（濱口2015）。基本的にジョブ型の欧米は、個人の所属先が複数ある状態を想定しやすい組織づくりになっている。この働き方であれば、女性が職業に参入したときに、組織は大きな変革を必要としない。

日本の会社は所属先にメンバーシップとしての忠誠を誓わせる。在学中一斉に行われる就職活動から始まり、内定式や入社式は象徴的だ。この雇用システムは個人が集まって家族ができているという概念ととても相性が悪い。さらに、複数所属が難しくなるのは職場集団にとどまらない。現在法制部会で検討が進められている離婚後の共同親権についても根強い反対論がある。これも、所属先を複数化することへの無意識の抵抗のあらわれだと私は思う。アリソン・アレクシー（2022）が、別れた両親のいずれかに子が所属して一方とは交流しない「クリーンな離婚」と呼んで日本の特徴としてとりあげたように、離婚後の親との関係性では、形式上のみならず実質的に交流しない家族は多い。

親子の強い結びつきと家制度は切っても切れない関係にある。個人という存在を遊離させない社会では、家族という集団に自我のレベルで常に引き戻されていきがちだ。保守政治が基盤を置いていることが顕になった旧統一教会、日本会議などの宗教はいずれも「家庭」というユニットを社会の基礎集団に組み込もうとする。安倍元総理の殺害が宗教二世の手によりなされたことで、この問題系が闇から明るみに出された。けれども、家族を遊離させずに信仰のもとに置こうとしているのは宗教に傾倒している家族ばかりともいえない。たとえば、習い事の強要などを含む行き過ぎた「教育虐待」をしても、親の教育が熱心なだけとみなされる社会状況がある。学歴信仰のもとで子どもを縛りつければ、それは宗教の押しつけと紙一重である。日本社会を構築している「自我に境界をつくらない親子」というかくれた制度は広く行き渡っていて問題視されていない。

おそらく、日常的に離散してすごしてもよい、という日本家族の特徴こそが呪縛されているという感覚を解くための鍵概念になる。囚われている人ほど親と会うことをためらいがちであるように。女性も男性も子どもがいてもいなくても、出稼ぎが広く行き渡っていた時代も、個人はむしろ家《イエ》に呪縛されていた。人は家《イエ》に強く繋ぎとめられ、家《イエ》は村落共同体に釘付けされてきた。常に人が出払っている家《イエ》だからこそ、象徴として一つの姓を乗せて集団として強力に束ねようとするのではないか。つまり、家族が共に過ごすひとびとであると思念されるようになったならば、一つの姓へのこだわりは消えるかもしれない。

「集団我」には一つの姓、だから夫婦別姓を世界で唯一婚姻制度に取り入れないまま残ったのだと思う。配偶者や子どもと姓が違うなんて可哀想、という人は姓という記号の違いを関係の希薄さと読み替えて、「集団我」の状態を好ましいと考えている。ちなみに東アジアの夫婦別姓制度は、強力な父系制のもとで婚姻しても妻は夫方親族に統合されずに、出身家族の姓を名乗り続けるという側面がある。双方の家系継承のために夫婦別姓を求める保守層はこの論理に与している。選択的夫婦別姓はそのどちらにも寄らない新しい制度だからこそ根強い抵抗が続いているのではないか。

このように、結婚により形成された家族は、意識されなくとも家《イエ》であり続けている。大概は女性が「家族我」へと寄っていく。女性は個を主張せず集団に埋没させていく訓練を、幼い頃から受け続けているからだ。強そうにみえても個の形成は脆く弱い。精神の纏足のようなもので、背くと社会にあらゆる場で制裁を加えられる。中村桃子によると、鎌倉時代から江戸時代までのエチケット本には、「女は話すな」と書いてあるそうだ（中村２０２１）。「家長」を中心に話す食卓風景は「家族我」の勢力関係を常に確認する場であってフラットな共食の場ではない。女性は常にしゃべるだけで物議を醸す。女性には母親となり言葉を与える前に子どもを呪縛してしまう道だけが残された。それが言葉の代わりに女が手にしてきた権力なのである（品田２０２０）。

婚姻するかしないか選べる時代、生まれ育った家族に呪縛され続けているうちは、人は新たな婚姻に向かわないのではないか。保守派が力をいれてきた世代間交流の推進は、生まれ育った家族との関係性を持続させる方向を強めただけで、自らが創る家族の形成に負の影響を与えたであろう。

では、家族とは呪縛する存在でしかありえないのだろうか。個々の成員を解放しつつ親密な関係性を築くことは不可能なのか。解放された家族関係の模索。現代試みられ続けているさまざまな実践のなかに、答えの萌芽が見え隠れする。振り払えない重たい足枷と感じない関係なら、「呪縛する家族像からの解放」を語る必要はもうなくなる。家族が基礎的集団として社会に組み込まれている長い歴史を振り返ると、人が社会的存在であろうとする限り、形態や関係性が模索されながらも家族は放棄されず存続すると私は思う。

個人の自我と日本家族の関係性

　ところで後期近代における親密な関係性の変容を捉えるにあたり、アンソニー・ギデンズが名付けた「純粋な関係性」とは、相手との結びつきそれ自体から得られるもののために、続けていく関係性である（ギデンズ1995）。経済や情緒の安定といった、関係に付随する何かを得ようとするものではない。彼は子どもを産み育てるひとびとの家族関係においても、いずれ「純粋な関係性」は増大していくという。たしかに一緒に過ごすこと、それ自体が重視されている現代イギリス家族は、「純粋な関係性」という形態に近づいているようにみえる。他方、カップルの結びつきがそもそも希薄な現代日本家族では現在のところあてはまりにくい。

　変容過程にある後期近代の婚姻を、ギデンズは二つあげる（ギデンズ）。一つは友情関係を範型にしたもので、対等な立場や相互の思いやりの気持ちがかなりの程度関係性のなかに組み入れられていく形態、もう一つは生活基地としての婚姻で、双方とも互いに相手にわずかな感情移入しか行っていない関係性である。旧来の〝近代家族〟と異なる点とは、夫婦が双方ともに外部世界を持っており、そこに立ち向かっていくために身を置く比較的安心な環境と見なしているような関係である、とされる。

友情関係を範型にした婚姻とは、夫婦間にそれなりの感情移入が求められるため、夫婦中心家族が前提されている。子どもがいると親子関係に主軸が置かれる傾向の強い日本では多数派とはなっていない。後者の生活基地としての婚姻、という表現は現代日本家族を理解する手がかりにはなりそうだが、「外部世界に立ち向かっていくために身を置く」というほどに、日本では婚姻が他の社会関係から独立性を保っていない。親世代や親族との関係とは切り離されていないし、職場関係のほうが家族関係より優先されるのが現状だからである。このように、ギデンズの定義する「純粋な関係性」も、変容過程にある後期近代の婚姻も現代日本家族にはあてはまらない。

さらに自己と他者を区別する個人的な自我が存在しているかどうかという論点も残る。家《イエ》の情緒と近代家族の情緒について、公的言論で語られていた内容の違いを見出した本多真隆によれば、家《イエ》の情緒を語る戦前の言説は、自己と他者の分離を意識させるような個人意識の醸成を排除しようとしてきた（本多2018）。西欧の家族が近代化する過程では、家族構成員相互の情緒的関係が強まったとされてきたが、情緒のあり方には違いがあるかもしれない。例えば、ギデンズが「相手との結びつき」を表現するとき、先だつ個人的自我の存在は疑われていない。すでに述べた通り、自己と他者が分離する自我のありかたは日本で一般的ではないため、出発点となる議論の土台から揺らいでしまう。

日本女性が個人として職を選び、家《イエ》を通さずに社会に直接結びついた存在であろうとする試みは、まだ始まったばかりである。インタビューに協力してくれた女性たちの言葉には、確かに個人意識の存在が感じとれた。ようやく葛藤が観察しうる状態に至った時代が訪れたともいえる。「家族我」の状態にあるひとが多かった時代、個人意識を調査したところで、意見を聴取することそのものが難しかった。ところが、現在は女性にも個人意識が醸成されつつあるのに、社会は母親になったとたんに、女性に個人の欲望があることを否定し、家族に従属する存在に押しとどめようとする。「子どものために」と全人格を没入するのを当然と見做し始めるのだ。個人にはそれぞれ意志があるなら家族の他の成員のウェルビーイングと常に調和するとは限らない、という思想は歓迎されず、自由な振る舞いは「家族の和を乱す」とささやかれ続けて、娘たちは成長していく。息子たちはそうではない。ジェンダー非対称な子育てはいまも続いている。

だが人間の精神の奥底に宿る自由意志は、強い抑圧的制度がなければ頭をもたげ、やがて羽ばたいていく。それが近代に扉を開いた社会のありようだ。ましてや自由を現実に謳歌している人がそこかしこで暮らしている時代である。家族成員がそれぞれの欲求を満たしながら人生を送る困難性が社会で認識されないままに、気づかないうちに和をもたらそうと、家族に、あるいは職場集団に魔法をかけてきた女性たち。陰で支えてきた誰かの存在は気づかれないまま静かなる撤退が始まっている。

私的領域と未来の家族風景

人間が生きていく上で日常生活を支える労働の多くは無償だが不可欠である。1章で述べたように、市場化と技術革新の行き渡った先進国でも消えてなくなるどころか、無償労働は日本よりも長時間行われている。日本では1986年から2016年にかけて、子育て中の家族形態で時系列比較するならば増加している。多くの社会で無償労働が家族で担われている現状に変わりはない。まずその事実を社会に受け止めてもらいたい。

日本を含む東アジアでは、無償労働の価値が蔑まれていることから、常に縮小させようとする力学があちこちで働く。あらゆる行為を公的領域に追いやろうとする社会では、無償労働をやる人が生きづらくなる。その帰結の一つが家族の縮小、非婚化と子無し化、つまりは少子化である。

さて子どもの減る未来には、競争が減って穏やかな風景が広がるだろうか。明治安田生命による大正元年から続いている子どもにつけられる名前の変遷を追うと、親たちが子どもに寄せる期待を感じとれる。リーマンショックの起きた2008年ごろから、男の子は「悠」という漢字を含む名前が上位に挙がりはじめた。ほかにも翔や颯、大空に悠々と羽ばたくようなイメージのある漢字が人気になっている。学とか剛とか聡といった勉学を意識させる漢字は80年ぐらいまでで消えていった。ミレニアル世代の男の子には、学問で身を立てろという圧力は減っているようだ。

残念ながらジェンダー差異の解消には、まだ時間がかかりそうである。女の子の名前に「子」がつかなくなっていったのと引き換えに、女性らしさを漢字で表す傾向はむしろ高まったからだ。80年代のトップであり続けた「愛」。そして常に美も添えられる。2000年代になると愛はあまり人気がなくなり、結や優、月や花など人との関係や自然を想起させる漢字が増えている。ただし同じ自然でも、男の子で上位の「樹」などはつかず「菜」が人気だ。長年風雪に耐える木ではなく、はかない草なのだ。柔軟で他者に寄り添う草の意味が名にのせられている。

ところで、コロナ禍は外部と強制的に遮断された家族を否応なしに作り出した。私たちは同居する家族とはまさに生命維持に直結する運命共同体である、という現実を突きつけられた。繰り返し感染症をくぐり抜けた人類の歴史のうえに、現代の家族形態があることを踏まえると、その影響は大きいであろう。2021年、厳しい感染症の時代を経験した後の世界で多くの国では出生率が反転し増加に向かった。他方、日本や韓国はまだ下げ止まっていない。現在のところ、日韓両国で家族は外部世界と閉ざされた時に安心できる基地とはみなされていないようだ。

家族は異なる欲求を持った個人の集まりで、感情を共有する場であるからこそ対立も生むという理解と、それに対処するための知識が欧米の研究では蓄積されてきた。だが西洋でも、家族という集団と持続的に調和しやすい自我のありようが模索されていくと、個を主張しすぎない「家族我」的な自我の醸成が好まれていく可能性もある。あるいは、カップルでいることを当然視されたり、常に家族で過ごす時間をもっととらなくてはという観念が社会を覆っている状況を息苦しいと感じている欧米の人びとは、単身者が不自由なく差別されにくい日本社会が羨ましいと考えるかもしれない。

いっぽう、日本では、特に男性に家族と親密に感情を共有するような人格がもとめられる時代はこれからだろう。2000年代の離婚を、親密性の領域における関係性の破綻と見なしたアレクシー（2022）の事例には、「感情的な結びつきが足りないから」と女性が離婚を切り出し、男性はその意識変化に戸惑っている様子が描かれている。相手との結びつきそれ事態が価値あるものだ、という認識のうっすらとした広まりを感じさせる。

日本の「感情革命」（ショーター1987）は、これから始まるのかもしれない。西欧の「感情革命」も女性の側から広がり、かつての〝近代家族〟は打ち捨てられて、生涯を共にする夫婦関係は稀少となった。そのような夫婦関係は稀少となっても、愛を中心に結びつくカップルの関係性は信じられ続けている。子どもは愛の結晶としての価値を与えられており、同性カップルも熱心に養子を迎えようとする。愛がなくなれば離婚するのが標準となった社会だからこそ、いまここで家族と共に過ごす珠玉の時間が意識されている。

現代日本で、家族はそのような幸せを女性には運んでくれないらしい。「日本では、子どものいる女性の方が幸せの度合いが低くなる」という事実を解説した佐藤一磨によれば、最近では夫婦関係の悪化の方が金銭的な問題よりも女性の満足度に影響が大きい。そして、悪化を防ぐには「夫婦が共に過ごす時間」が大切だという（佐藤2021）。いま子育てをする人が家族関係に求めているのが「夫婦が共に過ごすこと」ならば、「純粋な関係性」への模索が日本でも進んでいるのかもしれない。不安定な時代に持続可能な関係性が家族に求められた時、西洋と東洋の家族像は逆向きの方向から互いに近づいていくのではないか。

制度はどこに向かうべきか

このような価値意識変容の方向性を踏まえるなら、婚姻や出産、子育てに家《イエ》の存続という暗黙の意味を持たせながら、少子化を「お金」や「サービス」という必要経費の問題であるとみなす政策は、失敗を余儀なくされると思う。たとえ経費を配分しても競争には際限がない。お金は塾や習い事の経費へと回され、入口型の入試制度が続く限りはその投資は合格というかたちで実を結ぶだろうし、学歴偏重のメンバーシップ型社会では現実に大企業入社に有利にはたらくだろう。

現在の日本の制度のもとでは、人びとが絶えず競争に耐えて打ち勝っていかねば、生存すら危うい。仕事を聖域にし、常に競争に駆り立て勝者と敗者と名指していくこの価値システムが変わらなければ誰も幸せになれないと思う。生産性で人の価値をはかる差別意識は差別される側だけでなく差別する側も苛む。いつ自分が蹴落とされるか不安ななかで生きつづけることになるからだ。お金を稼ぐことが直ちに人の価値と置き換えられる社会など存続は不可能だ。同一労働同一賃金は重要だが、それだけでは日本的解釈の「働かざるもの食うべからず」という認識から遠ざかることができない。生活保護のように受給者にスティグマを貼り付ける福祉にせず、誰もが生存に値すると生きる気力を与える制度設計を目標とするべきだ。そのためにはまず、古びたGDPを政策目標とするのではなく、2章で言及された幸福度に変えたほうがよい。「World Happiness Report 2023」によると日本人の幸福度を特に低めているのは、「人生の選択の自由」である。一直線でない人生を可能にする社会保障が必要だ。すでにその価値を生きはじめている人たちを支えれば社会の幸福度は確実に上がるだろう。

この目標には十分な経済合理性もある。なぜなら現代とは何が必要不可欠な労働でそれにふさわしい対価がいくらか、という事実がひどく曖昧となった時代だからだ。いつか弾ける日まで世界を回り続ける目眩《めまい》がするほどの資金をうまく動かせば儲かる社会で、ブルシット・ジョブ（グレーバー2020）にあけくれる虚しさに気づいた人びとは、真にエッセンシャルな仕事を新たに創ろうとしている。そういう人が生存できるよう支えるのが制度に求められる理念であろう。既存の分業体系を変えないまま与野党で配分先の分捕り合戦をしていては未来は開けない。

近代の波はもう日本に浸透しているのだから、家《イエ》を再び呼び戻すことなどできない。

「公私分割」社会へと意識が移行しつつある人びとを制度上も支えるべきだ。一本道の競争に参画せずとも生きられる安心感を提供するのが政治の仕事だろう。そうすれば、結果的に価値意識の領域が複数化して、誰もが生きやすくなる。日本社会にはそのような意味空間がまだ残っているからこそ、韓国ほど出生率が下がらずにすんでいるのだと思う。競争社会をくぐり抜けてきた官僚と世襲で身分を継承した政治家たちに委ねている間は現状が維持される。すでに社会のそこかしこに変化の芽は動き出していると思う。私は日本の各地で活動する人びとの力を信じている。彼らの邪魔をしないようマスメディアも後押しをしてほしいのだが、残念ながらマスメディアにかかわる彼ら自身が学歴社会の申し子であり、価値の変容を妨げている。

4章で示されたように、都市郊外に象徴的にみられる従来型の分業型家族の行き詰まりは明らかだ。コロナ禍は災厄であったが置き土産に職と住空間配置の可能性を柔軟にした。中心地から離れた地域に居住する夫婦も共に就労継続しやすくなった。職場の不一致と長距離通勤は共働きカップルを悩ませていたからだ。1日あたり1時間の違いが肝心なのだ。夫と妻が週2〜3日ずつ出勤すればよい働き方なら、核家族がフルタイム勤務を継続できるかもしれない。若年層にはそういう働き方を許容する企業が選ばれていくだろう。もちろん、他の先進国平均並みの労働時間で勤続できることが前提条件で、そのためには残業なしが常識化する必要がある。

また、三世代同居の支援をするような時代錯誤の政策は直ちにやめてもらいたい。家族形態に対して政策は中立であるべきだ。もちろんそこに非婚と子無しも含まれる。子を持たない自由は尊重されねばならない。祖父母が近居できる親族しか恩恵を受けられない政策は居住地による差別である。現状では残業や変則的勤務の多い働き方を子持ちカップルが続けられているとき、元気な親が同居または近居していることが多い。核家族で夫婦ともに地方出身、あるいは手の空いた祖父母が不在となるだけでデッドエンドな状況は、子を持ちたい人にとって不利である。

たとえ一時的な揺り戻しがあっても、平等を求める人類史は逆流しない。それに、真に創造的なものは競争よりも協業から生まれる。停滞している日本社会では平板な価値に覆われた公的領域で不毛な競争が繰り広げられて人も組織も疲弊している。親たちは子を高い社会的地位に就かせようと、幼少期から戦いを繰り広げているが、結果として、新たな職業が次々に誕生している時代に、古びた将来の職業イメージを子どもたちに植え付けてしまう。子どもたちは硬直化した教育制度にもうながされて既存のシステムにしがみつくしかなくなる。閉塞感が彼らの感性を奪い精神を追い詰め、不登校や若年層の自殺も増えている。

明治期に産業化とともに人口が増えて競争の激化が起きたとき、新たな仕事が生まれ分業体系が変化した。家業を継ぐか奉公にでるしか選択肢のなかった人も、教育を得て会社員や教員となった。戦後も産業を自ら起こした人は多い。もっとも工業化の時代に作られた仕事とは国家が上から推奨している組織と結びつく職業が中心だった。現代はユーチューバーが子どもの人気職業になったように、既存の組織体系から離れた人たちによって未来の分業体系は構築されていくかもしれない。地球規模の環境問題にさらされている現在、職種それ自体の創造を含む実験を許容する社会が、持続可能な発展への道を牽引する。好むと好まざると舵はもう切られている。

したがって、制度が目指す変化の方向性はこうあるべきだ。現在ある組織や職業にこだわらない仕事を創ろうとする人びととの生き方を包摂する社会づくり。誰もが自らの生存を保障されながらも自己の個性を活かせる新たな職業を支援するのだ。正規／非正規といった旧来型の区分に働き方を囲い込もうとせずに生きられる安心を与えてほしい。従来型のワーク・ライフバランスの議論は、時間・空間的に分離された職のあり方に限定されてきた（安藤・巽２０２２）。これまで日本に根付いてきた自営業的な働きかたが変容し、時間・空間的な活動のしかたにバリエーションが増えたとき、新たな仕事とともに枠にとらわれない家族生活のありかたも生まれるはずだ。

既得権益からの脱却とは恐らくそういうことなのだ。既存の社会体系で庇護されてきた人々に配分し続けているのが現在の政治である。右派と左派で配分しようとする先が異なるだけでさしたる違いがなく、真の革新勢力がみあたらない。若年層が政治に無気力な状況もそのような感覚の違いから選択肢がないからだと思う。いずれ彼らが自分たちで勢力を創ると期待したい。

では具体的にどうしたらよいか。若年層の時間あたり賃金の大幅な上昇は不可欠としてそれだけでは足りない。47・5％（2022）にもなる税と社会保険からなる高い国民負担率は、イギリス（2019）とほぼ同じであるかのようで内実は異なる。日本は年功序列なので、所得が低く抑えられがちな若者により厳しい制度なのだ。言葉のすり替えによりごまかされているが、実態は借金である奨学金を借りてどうにか大学を卒業しても、返済負担が降りかかる。不思議にも、住宅ローン控除はあっても奨学金ローン控除はない。生存ぎりぎりの所得なのに容赦なくふりかかる税金と社会保険の実態は、五公五民の江戸時代さながらだ。80年代まで30％程度にすぎなかった国民負担率の社会から時代は大きく変わっている。若者が高齢者に社会保険と名付けられた重税を徴収されずに生きられるようゆとりを与えるべきだ。

若い世代の焦燥感はとても強く、世代間の分断を煽る極端な言葉がメディアに飛び交う。この分断を放置しないためには、仕事の創造が期待されている時代に生きる世代を、公的に支える必要がある。そうでなければ階層は固定化し、祖父母や親たちの私的な支えが得られない若者は、次世代を育むどころか自らの生存もおぼつかない。

このままでは日本という社会は創造性を失い消滅へと向かう。もはや若い人びとは競争の行き着く果てに幸福があるとは限らないと見据えている。彼らはインターネットを介し、国という枠組みを超えて世界とじかに繋がれるツールを手にしている。他者とともに幸福を手にしようとする人びとがどこまで繋がれるのか。未来社会は彼らの存在にかかっている。人の可能性を伸びやかに開花させる制度を整えて次世代を支援することができれば、航路を見出している彼らに導かれ、海原で漂う日本の家族は生き延びるだろう。

＊1　ＧＩＩは、国連開発計画が作成し、構成される指標がＧＧＩと異なる。労働市場はパートも含む参加率のみで職位が問われず、中等教育以上の就学率などからなり、日本では男女差の少ない指標が参照されている。

＊2　あるいは「分人」(平野２０１２)という方向がありうるかもしれない。それでも１日の時間配分には限界があり、顔の使いわけは生活上で困難を生じるはずだ。

調査概要

調査方法

半構造化インタビュー（1時間程度を原則とする）

イギリス調査のインタビュアーは全て品田による

日本調査は品田4名、水無田3名、高橋3名による

調査時期

イギリス　2017年7月から8月

日本　2018年2月から3月

調査地域

イギリス　ロンドンおよびオックスフォード近郊村落

日本　一都三県

対象者およびサンプリング

小学生を1人以上育てている女性各国10名

Web調査会社のモニター登録者に、学術系調査として要件を提示しスクリーニングをかけて募集し、

インタビュー協力者リスト（イギリス）

ニックネーム（仮名）	家族構成	居住地
キャシー	夫、子ども2人	London郊外
レイラ	夫、子ども1人	London郊外
スザーナ	夫、子ども1人	London郊外
エマ	夫、子ども2人	Oxford近郊村落
ナンシー	夫、子ども2人	Oxford近郊村落
アリーナ	夫、子ども3人	London都心
クリピ	夫、子ども3人	London郊外
ダニエラ	子ども2人（うち同居1人）	London都心
オリビア	子ども2人（うち同居1人）	London郊外
ルビー	夫、子ども2人	London都心

先着順の希望者から居住地域特性バランスを考慮した上で依頼対象リストを作成し、訪問および面会の日程調整ができた人が各国7名。個別なネットワークを介した募集による人が各国3名。

その他

イギリス　居住先への訪問または写真提供が可能、かつ永住権を持つ人

日本　居住先への訪問かつ写真撮影が可能な人

インタビュー協力者リスト（日本）

ニックネーム（仮名）	家族構成	居住地
理恵	夫、子ども1人	東京都郊外
久美子	夫、子ども2人	東京都郊外
智子	夫、子ども2人	東京都郊外
陽子	夫、子ども1人	東京都23区
恵美	夫、子ども1人	東京都23区
梢	夫、子ども2人	東京都23区
由美	子ども3人	千葉県郊外
望	夫、子ども2人	神奈川県村落
樹里	夫、子ども2人	神奈川県村落
美穂	夫、子ども2人	東京都23区

座談会

日本の家族像を点描する

品田知美×水無田気流×野田潤×高橋幸

それぞれの背景

品田知美（以下、品田）　ここに集まったみなさんは、見てきたものも全然違うし、世代もバラけています。それが本文にも反映されていますが、その違う部分を直接語ってもらうというのがこの座談会の主旨です。最初に、自己紹介も兼ねて、簡単にバックグラウンドなどをお話しいただきたいと思います。まずは私から。

私は、世代としては、バブルな学生時代を送り、卒業後もしばらくバブル世代として子育てをしていました。今とは全然違う時代。出身が名古屋で、名古屋の友人たちを見ていると、結婚や家族についての感覚が、東京に来てからの自分の感覚とまったく違うんです。有名なことですが、名古屋の家族って結婚式にお金をかけて、結婚自体に強い意味を与えている感じなんです。同じ時代を共有していても、地域によって全然違うなと。

水無田気流（以下、水無田） 品田さんが「バブル世代」だと、私はその下の「団塊ジュニア」世代くらいです。生まれ育ったのは神奈川県相模原市の郊外です。戦後アメリカに接収されて、米軍キャンプができた場所でもあり、私は米軍の倉庫が比較的たくさんある基地のすぐ近くで育ちました。駅前には米軍向けのお店が並んでいて、米軍キャンプのなかは芝生が敷き詰められていて、ちょっと可愛らしい家が建っていた。でもその周りの日本人の家はごく普通の住宅で、日本とアメリカの住宅の差みたいなものを、リアルに見ながら育った感じです。

　小学校はひと学年７、８クラスあって、中学校とか高校になると二桁クラスがありました。何もかもが大人数です。そういう環境ですから良くも悪くも細かい配慮はされずに、大雑把な育てられ方だったように思います。だから私にとっての郊外の原風景は、やたらと人が多かった記憶です。

　私は相模原市でも、国道16号線沿いで育ちました。東京都心から少し離れた郊外をぐるっと回る幹線道路が、どんどん整備されていく。そこに郊外型の大型ショッピングセンターがたくさん建ち並ぶようになる、その走りみたいな場所でした。友だちの家族はみんな車で「オリンピック」（大型の生活用品量販店）とかに行って。イオンモールなどができる前のことです。その車だらけの相模原で、私が高校になるくらいまでうちには車がなかったので、自転車で走り回るという生活をしていました。

野田潤（以下、野田） 私は１９７９年生まれなので、就職氷河期世代ですね。世代としては「団塊ジュニア」には入らず、そのちょっと下という感じですが、私の親は団塊の世代で、友人・知人の親なども団塊世代が多かったです。出身は長崎県の郡部です。みかん畑と田んぼと海と山のなかに、当時新しく切り開かれてできたベッドタウン的な戸建ての団地がいくつもあって、郊外と農村の両方の顔をもつ町でした。旧村域にあたるエリアの子どもはみんな同じ小中学校に来ますから、クラスメイトには郊外的な宅地造成地に住む子も、昔ながらの地域の家の子もいました。

うちはその町の新規流入組《ニューカマー》で、戸建て団地の一番端っこに家がありました。郊外と農村の境界線上で、田んぼまで徒歩30秒。私自身の輪郭もどっちつかずです。親戚は全員他県に住んでいるんですが、母方の祖父母が信州で農家をやっていて、寒くなると私たちがいる暖かい長崎に来て、1年の半分以上くらい同居して、うちの裏庭は畑になっていました。逆に私たちは夏休みになると祖父母の家へ行く。そこは高度成長期以前の日本の雰囲気が残っていた最後のエリアの一つで、典型的な農村。私はかなりのおじいちゃん子で、その影響は甚大です。祖父は大正元年生まれですから、大正時代の教育を受けて育ったようなもの（笑）。

私は郊外の文化にあまり馴染めなくて、長崎ではすみっこの方から「みんなこんな生活してるんだ」って覗くようにして、外部者の目で見ていた気がします。自分にとっては自然のなかでの暮らしの方が肌に合っていて、プライバシーについての感覚とか、モノを異様に大切にする習性とか、遊びの内容とか、親の教育方針とかも、同世代の友だちとは結構違うところがありました。

高橋幸（以下、高橋）　私は80年代前半生まれで、バブルの記憶は全然ない世代です。10歳くらいのときにはバブルはもう完全に弾けていて、周りの大人が「バブルの頃はこうだった」と語るけど、私たちにはよくわからん、という感覚でした。経済は右肩下がりで、世紀末にはハルマゲドン言説が流行って、「世界が終わる」、「道徳が失われていって社会が壊れていく」といったことがよく言われていました。だけど性別役割はあんまり変わらない。社会が変化の激しい危機的状況だからこそ家族は従来通りにしっかりやっていかないとダメなんだという規範が結構強いなかで育ってきたなという感覚を持っています。

生まれた場所は宮城県の石巻市で、東日本大震災でも大変な被害を受けたところです。育ったのは仙台市近郊のベッドタウンで、仙台市から車で30分くらいのところ。戸建ての家がダーッと並ぶエリアの子どもと、昔ながらの農家さんがいて畑と田んぼがどこまでも広がっているエリアの子どもが同じ小中学校に集まってくるところでした。

水無田　郊外って新規流入者が住む場所じゃないですか。うちは両親とも栃木から出てきて、県民同士でお見合いして結婚して、父の会社近くの相模原市に来た。野田さんと高橋さんのお話にも出てきますが、元から地付でいた人と新規で流入してきた人とでは、やっぱりちょっと違うのかなって思って。品田さんは名古屋のご出身ですが、ご両親も愛知県のご出身ですか。

品田　私の親族はほぼ首都圏にいて、私の家族だけが名古屋に来ました。そういう意味で観察者の感覚、「西の方ってずいぶん違うんだ」と感じながら育ちました。給食であんかけスパゲッティや味噌カツは食べるし、友だちの家族が来ると味噌ペーストを持ってきたりするんですが、私のうちでは名古屋の食べ物は一回も出たことがない。

地域性と家族というのは、この本のなかではあまり語れなかったテーマですね。日本の家族社会学では、西と東の違いというのが伝統的には分析されてきましたが、それだけじゃなくて、同じ地域のなかでもちょっとした違いがあると思います。

水無田　高橋さんは元から宮城県ですか。

高橋　両親とも石巻出身ですね。

水無田　じゃあ地元ネイティヴ的な親戚縁みたいなもののなかで育っているのは、このなかでは高橋さんだけなんですね。

野田　私は3歳の時に、信州で祖父母と3人で暮らしていたことがあって、物心がつくのが早かったので今でもその記憶があります。半年ほどの滞在なので、あくまでもお客さまだったとは思うんですが、昔馴染みの近所の人たちもみんな私のことをしっかり知っていて、その後も長いことたくさん可愛がってもらいました。昔の地域共同体的な肌感覚みたいなものは、短期間ではありますがそこそこ濃密に経験している方かなと、自分では思います。

水無田　旧来のような地縁血縁内部での基盤が欠落しているというか、たとえ親戚縁の内部にいても高橋さんのように世代間ギャップや違和感を鋭敏に感じ取るとか、ある種の異質さや第三者的な視点を抱えて育つと、社会学的な志向性が芽生えやすいのかなって、みなさんの話を聞いていて、ちょっと感じたんですよね。

野田　確かに。境界というか、まだらな人が多いなって感じましたね、私も。

水無田　日常には細かな違和感って必ずあるわけじゃないですか。その違和感って、社会学的なセンスにおいてすごく重要だと思うんです。「当たり前とされているけれど、それってなんだろう」という。世間的には、家族は「善きもの」という前提が根強くて、それを誰も疑いません。とくに日本は家族信仰というか、母性神話とか家族と幸福の物語みたいなものがいつもついてまわります。

　たとえば、選択的夫婦別姓の導入とか、婚外子に対する差別の解消とか、合理的な改革をしようと思うと必ず非合理的でemotionalな批判が出てきます。そして、このことと政治の言説は地続きになっています。政治の言葉も、文学とか詩歌の言葉と同じようなところがあります。「かけがえのない」とか「美しい」とか、emotionalな言葉が使われる。先日亡くなった安倍元首相も、「美しい国」というスローガンを掲げていましたね。そういう言葉でわかったような気持ちにさせてしまうところがある。

「幸せな家族」の存在

品田　私たちの研究領域、家族とかジェンダーに関する社会学では、幸福じゃない家族の物語のほうがメジャーな言説になっていますよね。でも、今回感じたのは、幸福な家族を生きている人って、結構いるということなんです。友だちのなかには、バブルの頃に首都圏で典型的な恋愛をして、そのあと子育てをして、家族を支えながら自分の好きな仕事も趣味もしている、本当に典型的に「幸せな家族してます」っていう人も、やっぱりいるんです。だから、それをただの幻想だって言えない部分もあるんじゃないかと。

高橋　私も今回お話を聞きに行って、インタビュー相手の方々は幸せな家族生活を作り上げるために様々な努力をされているということを改めて実感しました。もちろん、家族のなかの問題や悩みも語ってくださったのですが、総体としては「いろいろあるけど、これが私のいい家族」という自己呈示でした。それは素直にきちんと受け取らないといけないな、と思いました。

従来のフェミニズム的な分析だと「女性は家族制度の中で搾取されているのに、それを『幸せ』だと思いこまされている」という捉え方があったので、「幸せな家族生活」のために努力する女性たちに寄り添った分析は、しにくかったところがあります。でも、家族生活を実際にしている人が日常生活のなかで何に幸せを感じたり、どのような形の充実感を持ったりしているのかを具体的に聞き取っていくことも、問題を聞き取るのと同じくらい重要なのではないかと思いました。

野田　世の中ではよく「家族とは何か」って問われたりしますよね。まったく異なる人たちが、結婚して配偶者を迎えると、自動的にみんな「夫」とか「妻」とか「父」とか「母」とか、同じ単語で呼ばれるようになる。それで「家族とは」なんて言われたりする。でも私はそもそも、全員違うんだから、この全員バラバラの人たちを同じ単語で呼んで同じ枠に入れて、「家族」としてひとまとめに語ること自体に無理があると思うんです。そういう強い実感が、私にはずっとあります。

でもそれは、「家族はそれぞれ違って多様だよね、はい、おしまい」ということではなくて、たとえばイギリスと日本というふうに国レベルの集合体で見ると、日本でしか出てこない特徴ってありますよね。もちろん日本の家族と呼ばれるものも多様ですが、同じ社会で、同じ制度、同じ社会構造のなかで生活していくと、その社会ならではの共通した特徴が出てくる。それがインタビューや写真資料からも、はっきり見えてきたような気がします。私自身は「家族とは？」という問いを立てたことはないのですが、「いろいろあるけどこんなふうにして社会の枠にはまるんだ」という驚きが、いわゆる「普通」の家族と呼ばれるような人たちをインタビューすることで、結構典型的に見られた気がします。

品田　今回は10例ずつしかインタビューしていなくて、必要だったら増やそうかと考えていたんです。でも、これ以上やってもあまり差が出ないように思えた。逆に、イギリスと日本で、こんなにはっきり違いが出て分かれちゃうんだというのが、やってみて印象的でした。みなさんは、実際にインタビューしてみて自分の想像と違ったりしていましたか？　あるいはだいたい想像通りでしたか？

水無田　想像とあまり変わらなかったですね。ただ、日本の家族は思った以上に買い物の回数が少ないなとか、そういう驚きがありました。買い溜めがとても多い。つまり本当に忙しいんだなって。でも、忙しいのが当たり前でみんながそのテンポだから、異常だとは思っていない。その点では、イギリスのほうがずっとゆったりしているかなと思います。

私がインタビューして印象に残っているのは、社交の話です。「お友だちを招いて一緒に食事することはありますか」って訊いたら「しょっちゅう来ますよ」って言うから、社交的な家だなと思ったら、家に夫が全然いなくて、子どものお友だちばっかり来て、子どもだけでご飯を食べることを「お友だちと食事する」というふうに言っている。「友人を招く」という言い方も、その意味が人によって違うということを実感しました。また同じことを聞いても、イギリスと日本の違いが出る。

家族の生活に関する言葉について、問題にされていないタームのほうがむしろ掘り下げると深いということを気づかせてくれて、すごく面白かったですね。みんなの「当たり前」の世界がどういうふうに構成されているのかについて検証するという、シンプルに社会学っぽいことをやったなと思いました。

中島たい子の『LOVE&SYSTEMS』という小説があるんですけど、少子化で立ち行かなくなって、徹底的に家制度を廃したF国の人が、逆に徹底的に家制度に特化して個人をなくしちゃったN国——日本をモデルとする国——にインタビューに来る、というところから始まるストーリーなんですね。N国では、個人の名前がなく姓、ファミリーネームしかありません。子どもは「父の姓のムスコ／ムスメ」、既婚女性は「夫の姓のツマ」と呼ばれ、お互いも「ツマ」「オット」「ムスコ」「ムスメ」って呼び合うんですよ。そして、一定の年齢になったら必ず全員結婚する義務がある。それに対して、もう一方の、完全に婚姻制度をなくしたF国では、子どもが生まれたら国の機関が引き取って育てることになっていて、親とか子とか、そういう家族関係が完全に消滅している。そのF国から来たインタビュアーの男性が、名前のない「ムスメ」とだけ紹介された人と恋に落ちるんですが、それをちょっと思い出しました。小説の世界でも、N国の人もF国の人も、それぞれお互いに幸せって思っているけど、それぞれの幸せが、ずっと話していて嚙み合わない。嚙み合わないんだけど恋愛感情は芽生えるんですね。

日本の家制度というのは、究極的にはこの小説のようなものがイデアなのかな、とも思いました。匿名の名前のない役割としての家族が、日本では究極の理想とされているのではないか。「家産」をなすことをGDPの増産に直結させるような思考法、今の保守政治家の思考法ですが、それは彼らの思考枠組みの中では、破綻なく成立しているのではないかという気がしますが、現実の生きた個人の個性や適性、感情や信条などとの衝突は必至です。

それでも、そこにある矛盾のなかで、幸せな日常というのは点在している。私たち社会学者が普段行っているような、「こういうの問題だね」って批判したり、「そういうの欺瞞だよね」って言っているだけではこじ開けられないようなところに、幸福言説のようなものをもっと持ってこなきゃいけないのかなって、インタビュー協力者のお話を聞きながら反省していました。

高橋 私の場合、「家族は家族役割を演じる場」だという感覚が子どもの頃からありました。お父さんはお父さんっていう役割を演じているし、お母さんもそう、そして子どももちゃんと子どもという役割を演じないと「家族」は成り立たないという感覚があって、これはある程度家族内でも同級生の間でも共有されていた感じがします。

長い間、家族というのはそういうものだと思って生きてきたのですが、いま自分がオトナになって、じゃあ自分の家族どうするのって考えたときに、あの家族役割上演会をもう一度繰り返すのはたぶん「幸せ」ではないなっていう直感があります。

水無田　90年代くらいから「家族する」という言葉が、普通に使われるようになりました。「今日は家族する日だから早めに帰る」みたいな言い方です。「個食化」が完全に進んじゃったあたりの時代です。高橋さん世代くらいからすると、家族ってもう完全に「家族する」「役割する」っていうふうに再帰的なものになっているのかなと思いました。

遠藤達哉のマンガ『SPY×FAMILY』は、主人公のスパイが妻役と子ども役をやってくれる人を募って、擬似家族を作っていくんですけど、役割として演じているから、むしろ本物よりも家族っぽくなっていくみたいなストーリーなんですよね。そういうふうに、家族は演じることが前提になってる。

私が育った家族は、真面目に郊外地の専業主婦をやっていた母と、昭和のモーレツサラリーマンの父の夫婦だったので、基本的な家族役割にあまり疑問がなかったというか、考える余地もなかったように思うんです。

品田さんと、野田さんは、家族を「する」みたいなことを、再帰的に意識するってことはありましたか。

野田　そういえば『「家族する」家族』っていう本が昔出ていましたね。中野収さんの1992年の本です。結構早くに出てるんですね。

私の体感としては、母がひとりで演じることによって「家族」が維持されていた時期があったと思います。そもそも私の母は農家の娘で、子どもの頃から農作業をして育ちました。母の母、つまり私の祖母は煮物しか作れません。だから私の母が作る「家庭料理」は、彼女にとっては「おふくろの味」でも何でもなくて、地元を出てから『主婦の友』とかお料理雑誌を買って学んだものです。いわゆる近代家族的な主婦の作るお料理とか、そういう営み自体を全部、意識的に、後天的に勉強して取り入れて、それを実践することで自分の夫婦や家族を、やっていかなければいけなかった。団塊世代の女性の多くに当てはまる、世代的経験かもしれません。

品田　私はだいぶ違うなと思います。１９６０年代以前は恋愛結婚している夫婦ってそんなに多くないんですけど、私の両親は学生時代のサークルの友だち同士で結婚しました。祖父母も大正時代に西洋料理などを勉強した人たちで。そういう意味では、近代家族の成れの果てが私の見ているものなんだなって思います。

私の場合、むしろパートナーの家族が「これが日本の家族なんだ」という感じです。こういうことをやるのが「父」であり「母」であり「妻」でありというふうに勉強してやっているので、ナチュラルさはないんです。いろんなところに、破綻や綻びが出る。私の両親も破綻している部分はいろいろあるけど、世代を追うごとにちょっとずつ自然になってくる部分も、おそらくあると思うんです。

イギリスの家族も、そうなのではないか、とみなさんの話を聞きながら思いました。この本のなかでは文化的な差異のところを強調していますが、文化の違いだけじゃなくて、歴史の遡ったところの違い、そういう通時的な観点から見えてくる違いも考えてみなくてはいけないと思います。

機能の語りづらさ

品田　最近、家庭科の教科書を全部見直したんですが、子どもたちに一生懸命団らんをさせるっていう項目があって。普段はあまり団らんできないだろうから、子どもにお茶を出させて、みんなを集めて団らんしましょうっていう。つまり、今の日本では家族の機能性を復活させる家庭科教育をやっているんですね。家族にはこういう機能があります、その機能を一生懸命維持していきましょう、という教育です。まさしく「機能」というふうに、ちゃんと教えているわけですね。そういう意味で、「家族する」という感覚は、偶然そういうふうになっているわけじゃなくて、機能として扱っていこうっていう社会の意志が明確な気がしました。

水無田　教科書で家族の「機能」が強調されるようになったのは、何年くらいからですか？

品田　最近のものを確認しているので、長期的な変化を追う研究はしていないんですが、基本的に家庭科教育っていうのはfunctionのほうを強調してくる学科だから、変化はたぶんないいんじゃないかと思うんですけど。

水無田　いま中学生の息子がいるので、家庭科教育とか、生活に関することはすごく細かくなってるんだなとは思います。小学校のときの食育週間はつらかったですね。朝ご飯と夕ご飯で食べた物のメニューの内容と食べた時間を一週間分書いて学校に提出させられましたから。全国で保護者に課されたようでしたが、「これ本当に意味ないよな」って話を、NPOのママ友さんたちともしていました。模範的な保護者なら書くまでもないですし、「昨日は遅い時間にレトルトカレー食べさせた」みたいな実態の場合、学校に正直に報告するはずはないので。それにしても、家族みんなで食卓を囲むことを中心とした団らんの場を作ることが家庭生活の前提ということになっていて、そこに向かって収斂するべく、教育も言説も作られているのかな、と思いました。

調査からもわかったように、日本のスーパーマーケットで置かれている生活雑誌は、ほぼお料理本ですよね。圧倒的にお料理・お弁当、食卓中心主義だと思います。イギリスの場合はガーデニングとかＤＩＹが雑誌の中心だと、品田さんがおっしゃってましたよね。あと料理本があるとしたらビーガンくらい。エスニック・マイノリティが多いところに行くと料理に関するものも増えてくるけれど。そういう家事観が日本とイギリスとでぜんぜん違うし、幸福な家庭作りの前提条件に関する感覚が違うのかなと思います。イギリス人は、もしかしたら、主婦がせっせと温かいものを作って、みんなで食卓を囲んで食べるよりも、みんなでガーデニングをやったり、人を呼べる家を作っておくほうが家庭の幸せだと思ってるのかな、と。イギリスで撮影された素敵なリビングの写真を見ていてそう思いました。

品田　イギリスは、「食」中心の日本とは対照的に「住」中心なんですよ。それはもう確実。イギリスのスーパーマーケットには住まいの本がたくさん置いてある。その住まいの延長にガーデニングがある。インタビューにもあったように、ちょっと天気の良い日は外でオープンのパーティをやるので、ガーデニングも大事です。それは別に特別な人がやってるんじゃなくて、ごく当たり前という感じで。そういうパーティがイギリス人の社交のなかではすごく大事なポイントになっていて、子どもたちがいろんな人に会う機会が増えるんですよね。それはそれで、向こうの家族の機能になっていると思います。

水無田　そういえば、以前私の近所にイギリス人が住んでいて、日本の単身者向け住宅の狭いベランダなのに、バーベキューをやったりしていましたね（笑）。

品田　狭くてもやるんですね（笑）。

高橋　先ほどの家庭科の教科書で子どもに家族を「機能」として教えているという話ですが、「家族は人間にとって『自然』な社会集団なのです」とか言われるよりは、「家族もある社会的機能を果たすために作られている集団の一つです」と説明された方がわかりやすいし、納得できるのではないでしょうか。冒頭で水無田さんが、家族を感情的（emotional）に理解させようとする風潮が問題だということを指摘されていました。事実、それによって必要な法整備が進まないということがあるので、私もその意見に同意です。そうだとすれば、さしあたり家族を合理的に「機能」として理解するという方向性そのものは悪くない。

親密な関係性の「機能」は何なのか。それを分析して区分けしたうえで、たとえば、親と子のケア機能を最小の単位として確保しないといけない、そういうケアを担っている親をちゃんと社会的に支援する、つまりある機能を特定したうえでそこを支援するというのが、たとえばエリザベス・ブレイクの『最小の結婚』が示している方向性ですよね。

恋愛についても、性的な欲求はこの人と満たしたい、ロマンティックな感情はこの人と満たしたいっていう形で、もし欲求が分化していくのであれば、その分化を認めていきましょうという考え方があり、例えば山田昌弘さんがそういう議論をしています。つまり、それが自由の増大だという考え方ですね。これに対して、恋愛とか家族というのは、人格の統一性をもとに何らかの形でまとまりを作っているものであって、機能ごとに分化させて解体していくことはできないのではないかという考え方もあります。機能に解体できない固有の統一体として、家族には固有の意義があるんだという議論で、二つの方向に議論は分かれると思います。いずれにしても、機能という形で説明せざるを得ないところはあるので、それを一概にダメとは言えないのかなと思います。おそらく論点になるのは、家族がどういう機能を持っていると定義され、それがどういうふうに子どもたちに伝えられているのかですよね。「この社会には家族しか担うことのできない機能というものがあり、家族がその機能をきちんと果たさないと国家が滅びるので、国民よ、全員家族を作れ」みたいな教育だと、まずいわけで。

品田　私も、家族の「機能」という要素は全部ではないけど絶対に捨てられないと思っているんだけど、家庭科の教科書には気になる記述があって。家族の役割の一つは、自分たちで再生産して労働力を供給することだって書いてあります。先に家族があるわけじゃないんですよ。家族の幸せのためにと、書かれてるわけではなくて、再生産が目的として先にあるというのが、家庭科教育が前提としている家族観のポイントかなと思います。すごく怖いなと思ったんですね。

高橋　それは怖いですね。

野田　家庭科の教科書って、結構ポリティカルですよね。家庭科の教科書を制定する側が、機能であってほしいと思っているということで、それ以上ではないと考えたほうがいいと私は思います。「機能」という言葉自体が何を意味するのかも、ちょっと論争の対象になるかもしれません。家族社会学の領域では、1950～80年代くらいまで、パーソンズの構造機能主義の文脈で「家族の機能」が強く語られてきましたが、これは「家族とは恒常的に子どもの社会化と成人のパーソナリティ安定の機能を持つものだ」という説をもとに展開された理論です。しかしこの理論は、専業主婦役割を果たさない女性を批判したり、仲の悪い家族や離婚した家族を「病理」と見なしたり、子どもを作らない家族を異端視する視線とも、強く結びついたものでした。学術領域ではすでに批判的に乗り越えられた理論ではありますが、現在の家庭科の教科書におけるポリティカルな記述は、当時の「家族の機能」論から地続きで今に至っていると私は思います。

食卓の話に戻ると、私はどちらかといえば、

「機能」というより「装置」という印象の方が強くって。家族が幸福になるための「装置」が日英で違う、というようなイメージなんですよね。家族語りの文脈で「機能」というと、どうしてもかつての構造機能主義の幻影がちらついて、社会のための機能、あるいは国のための機能といったように、何かのために役立っているかどうかということが、すぐに言葉のニュアンスに入ってきてしまう。それでは家族そのものの話になってないんじゃないか、という気がします。それに、その機能をたまたま持っていない家族のことを「異常だ！」と見なしたがる人もすぐに出てくるし。

高橋　なるほど。「家族の機能」という言葉が負荷を帯びすぎていて、まだ国家権力的なものに回収されやすい危ない言葉だということであれば、無理に使う必要はないかもしれません。

ただ、機能分析という方法論的立場を取る場合、「家族とは一定の機能を果たす集団のことである」と定義した上で、家族が果たしている機能は他の関係や方法でも果たせるのではないか？　というふうに考察を進めていきますよね。このように考えていくことで、「家族のオルタナティブ（いまの「家族」とは異なる新しい「家族」）」に向けたオープンな議論を接続させていくことができる可能性があるので、機能として捉えるのは良い面もあるのではないかなとも思いました。他にも、イギリスの家族は「社交機能」が強いというふうに、いくつかの機能をパラメーターとして設定することで、家族の文化差を説明することもできそうな気がします。

野田　そうですね。個人的には、こと「家族」の文脈においては、そういう読み方ができるほど今の日本は集団主義的な家族イデオロギーから自由ではないと思うので、「機能」って付けなくても語れるものを敢えて「機能」と呼ばなくてもいい気はするんですが、可能性としてはその方向もあり得るかもしれませんね。

それでその「社交機能」なんですが、ここではイギリスの家族が幸福になるための一つの「装置」にもなっているのかなと思うんですよね。私は自分で直接のインタビューはしていないんですが、インタビューデータとか写真データとかを見て、イギリスはイギリスで大変そうだなってすごく思ったんですよね。この綺麗な空間を維持するための膨大な労力をさく。毎月ひとを呼んでるのに、それでも少なくて、忙しいからなかなか呼べないと言い訳のように語っている。日本の家族は食卓が装置になっていますが、イギリスではホームパーティが装置のような感じで、そこから外れるとよくないんじゃないか、という強迫観念みたいなものは、どっちにもたぶんあるのかなと感じました。

水無田　なるほど、「食卓」文化と「社交」文化の違いから、「家族の幸福の物語」を上演する舞台装置も異なるという。面白いですね。確かに、幸福になるための「装置」と考えると、舞台装置から降りるってことは、幸福になれる表舞台から引っ込んじゃう、降りちゃうみたいな意味合いになりますね。「幸福な家族」だからこそ舞台装置から降りられないという か、そういう感じはあると思います。私が「機能」という言葉を使ったのは、emotionalなものとの対比で考えていたからです。政治の言説では、家族はemotionalなものとして語られやすいんですけど、教育の現場ではどうしてもfunctionalなものとして捉えて、そのように教えていかないといけない。家族というのは、放っておくと、とくに一般的な言説ではemotionalなものの方にどうしても引っ張られていってしまって、その実態を検証することもすごくむずかしくなる。教科書であれば、どういう立場を取るにせよ、functionalな面を強調する方向に行かざるを得ないのかなと思います。

野田　でもそのfunctionそのものがemotionと渾然一体というか、その二つは互いに強く結びついていますよね。それは近代家族論でも理論的にずっと指摘されてきたことで、functionを教えるってことがすなわちemotionを教えるってことになっちゃっている。例えば性別役割分業を果たすことが、愛情の証明として解釈される。それが近代家族なのかなと。

水無田　本来この二つは分けられない。逆にいうと、通常であればemotionalなものが家族の土台だって思われているのに対して、あえて家族のfunctionalなものとしてのあり方を強調することで、じゃあemotionalなものによって相対的に後景に退いているもの、見えなくなっているものって何だろう、というふうに、見方を変えることができると思うんです。

人間は幸福になるためにいろいろな人生の選択をおこなっていくわけですが、家族を作るという選択は、一般的に見ると、人生の重要な選択のベスト5には入ってくると思う。そういう意思決定をする精神的なコストって相当重いですよね。それをみずから負担しても構わないと思えるだけの幸福な物語がないと、規範的な家族を選択するのはむずかしくなっていると思います。高橋さんくらいの世代で「家族する」という感覚がすでに一般化しているとすれば、つまりあえて家族の舞台装置に入っていくことについて意識的であるとすれば、「演じ手」だらけになっていくのが必定なのかなと思う。

私たちがやってきたメディア研究は、そういった「幸福な家族像」を検証するものでもありますね。メディア化された家族の家事のやり方とか、家の作り方みたいなものがすでに当たり前にあって、そのなかで私たちは家族装置を作っている。そうだとすると、家族というものには舞台装置があらかじめ前提とされていて、それが書き割りだってことを誰もがわかっていながら、みずからそこに入っていっているとしたら、ある意味では相当こわい社会じゃないかな。

野田　たぶん舞台上の役割があったほうが楽っ

ていうところもあるんでしょうね。「幸せ」に入っていくためのフォーマットとしての役割みたいなものですよね、お母さんが手料理を作って、みたいな。もちろんそのフォーマットの形が、日本とイギリスでは違う。「私は料理は苦手だし」とか「なんで共働きしているのに私だけがそのフォーマットに合わせなきゃいけないの」とか、違和感を持つ人もなかにはいるけれど、フォーマットがあって、これが幸せって決まっていたほうが不安が消えるというタイプの人もたぶんいる気がします。

水無田　なるほど、宗教の戒律みたいなものですかね。（笑）

野田　人間には処理能力に限界があるので、これをすればいいんだよってあらかじめ決まっていれば安心できるっていう人がいるのはわかる。今の若い人の話を聞いてると、とにかく不安が強い。だから、そこにフォーマットがあったら入っていきやすい、不安が少し軽くなるっていう人はそれなりに多いと思う。でも、そのフォーマットに明らかに無理な役割が含まれていたり、誰かがすごく我慢しなきゃいけなかったりすると破綻していきますよね。こんなことしなきゃいけないんだったら、家族なんて作んなくていいわっていう人も出てきちゃうかもしれません。

安心できる関係に向かって

高橋　「みんなが書き割りをやる世界ってこわくない？」っていうのも、フォーマットがある方がいいと思う人がいるというのも、わかります。一方では、本当に心から納得して家族をしたいという欲求があると思う。演じるのは親もやってたし、自分も子どもも役をやってたから飽き飽きしていて、そうじゃなくて本当に心から納得した関係を築きたい、というような欲求もかなり強くあるような気がします。「家族」という枠に伸るか反るかは別として、安心できる人と一緒にいることでもたらされる幸福感というのも、たしかにありますし。

だから、私がいま切実に必要だと思っているのは、こういうふうに家族を作ると幸せになれるんだよとか、こういう家族もありなんだなということが具体的に見えてくるような家族論です。離婚が身近になってきたからこそ、どうしたらヘルシーな家族関係を長く続けられるのかを示してくれるような新たな家族モデルを再構築する必要があると思います。私のまわりではゲイとかレズビアンのカップルを含めて、とくに若い世代で、どうやったらいい関係を築き、持続させていけるんだろうかということを模索している人が多いので。そのように心から納得できたときにのみ関係に参入するという行動パターンが出てくると、一層晩婚化するし非婚も増えるわけですが。

品田 今のお話だと、親密な関係を求める動きが、若い世代ではかなり出てきてるということですよね。私もそういうふうに思っています。関係のあり方は、もはやフォーマットとして画一的に提示できないくらい、様々じゃないですか。そういうなかで、じゃあ自分はそこに何を求めるのかというと、求めるものがそのくらいしか残らなくなるというか。落ち着いて、ある程度関係が続けられるといいな、ようやくそういう感覚が出てきているのかなと思う。

先ほどメディアでの家族の再生産ということが出てきましたが、私が住んでいる田舎だと、子どもたちも含めて、ほとんどメディアと関係なく生きている人たちが多いんですよ。そういう家族って、とくに若い人は、独自で個性的な関係性を作っていたりする。結果的に、意外に親密性だけを頼りにしてるような家族像も生まれてきているんじゃないかと、私は感じてるんですね。そのあたりについてはどうでしょうか。

野田 私は人によると思います。学生の話をいろいろ聞いていても、互いに心から納得できる理想の関係を求めている人もなかにはいるかもしれないけれど、たとえば生活のためとか、現実的なことを考える人も結構多い気がします。「配偶者との愛情よりも親の意向を大事にしたい、なぜなら私は親から大事に育ててもらったから」とか、そういうことを言う学生も意外に多い。配偶者との関係性のところに人生賭けてる、お金や世間体なんてどうでもいい、みたいな人って、あんまりいないと思います。そういうもんだと割り切っているというか、今の日本の若者が直面してる現実も、それだけシビアなのかなと感じるんですよね。

水無田　学生の母集団にもよると思いますが、うちの大学の学生でも、割と親との関係を大事にしているっていう人たちはいますね。あとはひとり親世帯、とくに母子世帯でお母さんにご苦労かけたから、欠如をなんとか満たそうという感じで、理想的な家族を志向する人も多いかなという気がします。

私が授業のリアクションペーパーで見ているかぎりでの話ですけど、大まかな傾向として、ひとり親世帯で育った男子は、自分が結婚したら妻には、「働きたくないんだったら専業主婦やっててもいいよ」みたいな感じで、家庭に入ってほしいっていう人が多い。その反面、ひとり親世帯、とくに母子世帯育ちの女子は、母親を見ていて、絶対同じ苦労はしたくないし苦労もかけたくないから働きたい、というタイプが多いです。いま挙げたのは両極端なんですが、それらも含めて今どきの首都圏の大学生って、親世代に対してすごく善良なんですよね。

野田　そうですね、二極化してるかな。すごく善良なマスの人たちと、恵まれた環境にはいなかった人たちの魂の叫びみたいなものもありますから。

水無田　ありますね。学生を見ていると、必ずしも幸福になれないのだったら親に反対されてまで結婚しなくていいんじゃないか、みたいな志向性がある。その一方で、少し前の話ですが、新聞社との提携で20代・30代の未婚者に調査をしたときの結果ですが、結婚とか就学就業とか住む場所とかで、人生の選択肢で絶対譲れないものはなんですかって訊くと、やっぱり圧倒的一位が「結婚相手」だったんですよね。結婚相手って、たぶんひと世代前の70年代くらいに結婚した人たちは、そんなにこだわらなかったと思うんですよね。そこそこの釣り書きがあるお見合い相手で、周りの人が「いいお方よ」「いいご縁ね」って祝福してくれたら、多少顔が好みじゃなかろうが、まぁこんな感じかなって結婚したと思うんですよね。

品田　そういえば、最近結婚相手の選び方で以前とは大きく違うのが、見た目を最も重視するようになったと何かの記事で見ました。高橋さんはそのあたりどう感じていますか？

高橋　最近の子は、ルッキズムはすごく意識してます。SNSの影響が大きくて、男子も女子もルックスでどれくらいバズるかが決まるみたいな世界に生きてる。TikTokでイケメンが踊ってるとバズる、みたいな（笑）。

「結婚相手」に求めるものかどうかをいったん脇において、女性の消費活動や恋愛行動を見るならば、女性が堂々と男性の外見を評価する主体になってきているという変化は顕著ですよね。夜の街を歩くと、男性ホストの看板が女性キャバ嬢の看板に匹敵するくらい大量にあり、しかも多種多様なラインナップを揃えてきています。マッチングアプリ利用もこの数年で急速に広がっています。昨年私はマッチングアプリ利用者のインタビュー調査をしていたのですが、自分の好きな外見かどうかで相手を振り分けるという行動が、アプリ利用時に毎回やる標準的行動になっています。性別を問わず誰もが外見評価のまなざしに曝されるようになったからこそ、外見で人を判断する「ルッキズム」に対する批判意識も先鋭化している、というのが現代の状況だと思います。

ただし、２０２１年調査の「出生動向基本調査」では、「結婚相手に求める条件」のデータで見ても、女性が結婚相手に求めるものの1位は「人柄」、2位「家事・育児の能力や姿勢」、3位「仕事への理解と協力」、４「経済力」で、「容姿」は5番目なので、「最も」求めているとは言いにくい状況かと思います。

男性の配偶者の有無は、基本的には経済力で決まっていることは、現在も変わっていませんし、むしろその傾向は強まっています。非正規雇用の男性の生涯未婚率が60％で、正規雇用の男性の生涯未婚率が19％弱という衝撃のデータ（２０２０年「国勢調査」）からもわかるように、男性の生涯未婚率が28％のこの社会において、男性が結婚できるか否かの大部分は経済力によっています。経済格差の拡大が親密な関係性からの疎外を伴ってしまっているのが今、起こっている「格差の拡大」であり、これは相当深刻な事態だと感じています。

品田　身長・学歴・年収の「三高」というのが昔はあったんですけど、そういうものからだいぶズレるんでしょうか。

野田　どうでしょう、「三高」のうち身長はルックスに含まれるような気がしますけど。たぶん聞き方にもよるんじゃないでしょうか。つまり、収入があることはもはや前提になっていて、それプラス何かだったらルックスが大事ってなってるんじゃないかな。たとえば、ルックスはめちゃくちゃいいけど収入がない人だったら、それはちょっと無理っていう考え方は、今の若い世代の女性にも割と多いと思うんですよね。

品田　そういうデータしか家族社会学の領域では出回っていないから、公式的にはそうなんでしょうね。それとはちがう方向性を示すものが出てくるとしたら、すごく萌芽的なものまで見ていかないと見つけられないと思う。

水無田　さきほど高橋さんが指摘されたように、社人研統計（国立社会保障・人口問題研究所の統計調査）の「出生動向基本調査」の独身者調査でも、結婚相手に望むもので人柄、経済力、容姿、家事・育児の能力、仕事への理解とか、いろいろな項目があるんですが、最近は女性が結婚相手に求めるものとして、容姿を考慮する人が増えているのは、若干気になっています。でもその「容姿」に関してよくよく内容を検証すると、清潔感とか身だしなみとかに気をつけてほしいとか、そういった要素も含むので、昔の銀幕のスターみたいな美男子と結婚したいというよりは、「そこそこ容姿をコントロールする能力がある人と結婚したい」というふうになってきているのかなと思いますが。

このデータともつながる話ですが、大学のジェンダー論系の授業で、スウェーデン大使館の政治経済報道官の方をお呼びしたことがあります。せっかくだから、國學院の学生と、インターンシップでスウェーデン大使館に来ている学生とで、結婚とか恋愛観を比較してみようということで、それぞれ同世代の人たちにアンケート調査をしたんですよね。そしたら、その調査ではスウェーデンも日本も、男子が結婚相手に求めるものは、人柄に次いで2位は容姿だったんです。一方、日本の女子は人柄の次には経済力が重要という結果だったんですが、大きな違いとしてスウェーデンの女子が結婚相手に求めるものは、人柄が1位で、2位は家事・育児能力でした。スウェーデンの方は、男女共に経済力を挙げた人はゼロだったんですね。働くのが当たり前だから相手に経済力を求めない。この辺はお国柄というか、家族政策の違いがあると思います。

野田　家族政策が全然違いますよね。北欧は、保障がしっかりしているので、老後のための貯金をしている人はあまりいないという話を聞いたことがあります。自分で全部貯金しなくても生きていける。

品田　イギリスもわりとそうです。向こうに配偶者がいる知人は、老後はそれなりに平等だって言ってますね。今のところ、老後は働き方による差が出にくいっていう安心感があるのかなって。

野田　そうですよね。日本型福祉社会みたいに「自助」でやりなさいってなっていたら、パートナーを選ぶ時もそりゃ収入は高いほうにしようと考えますよね。

家族の輪郭、個人の輪郭

水無田　いまの日本では、「自助・共助・公助」とあって、「自助」のなかに家族も含める言説になっちゃってますもんね。１９７０年代後半くらいに「自助・互助・公助」と言ってた頃は、個人の外縁に家族とコミュニティがあったと思うんですが。今は「バナナはおやつに含める」じゃないですけど、家族のことも自分のことのなかに含めてしまっている。それってすごいと思うんですよね。

野田　私は今回、日本の家族関係においては主体の分離みたいなものがあまり感じられない、という話を3章で書いたんですが、今のお話はそのこととも関係していると思います。先ほども、「友人を呼ぶ」って言ったときに、自分の友人じゃなくて子どもの友人のことだったという話がありましたが、もし自分がお母さんだとして、子どもの友人相手に「独立した主体」でいられるかっていったら、そうはならないと思うんですよね。親がひとりの人間、ひとりの個人になれる瞬間が、日本の家庭ではすごく少ないんじゃないか。そもそも、2名以上の大人がリビングに同時に収容されている時間帯がすごく少ない気がします。それで、未成年の子ども相手に主体でいられるかっていったら、ならないと思うんですよね、保護者ですから。

品田　みんなそれぞれが自我というか、自分の趣味や欲望を持っている、という前提は、日本の社会では、母になった瞬間から本当に急になくなるんです(笑)。私もその体験をしましたが、新鮮な驚きでした。それを体験できただけでも子どもを産んでよかったなって思いました。

装置には、そうやって人から主体性を完全に消す作用がある。たとえば、ずっと「○○ちゃんママ」って呼ばれ続けるとか。子どもは成人していますけど、私はいまだに「○○ちゃんママ」って呼ばれる。私の名前は誰も知らないし、私が何やってるか話題にものぼらない。楽といえば楽なんですけどね。それに対してそれほど抵抗がなくて、自分のアイデンティティの主なところが「○○ちゃんママ」になってた人は、それがなくなってしまうと、とっても辛いんですよね。その次は、孫に行ったりする。

野田　そして夫には行かないんですね。

品田　行かないですねぇ(笑)。

野田　私はそこが不思議なんです。夫って自分と対等の大人同士じゃないですか。だからそこで夫に行けば、もうちょっと自分が自分として対人関係を築けると思うんですね。夫に行かないってことは、大人メンバーにとっては、主体になるチャンスが家族のなかにほんとにないってことになる。

水無田　お互いに主体的に関わらないほうが、家族がうまく機能していくからじゃないですか、日本の場合。

品田　主体性を消す訓練が上手に行き届いている家族は、それはそれでうまくいくんじゃないかと思いますね。

水無田　個人的には、育児言説もそうですし、妊娠中の両親学級の産後のケアについての指導でも思ったんですが、母親がいかにして自分の気配を消すかというところが重要とされてるんですね。本当に、忍者養成学校みたいなんですよ、母親に求められることって。とにかく「子どもの気配をつねに感じられる位置にいましょう」とか。そうすれば「この泣き方だとおむつかな」「お腹が空いてるのかな」ってわかるようになるからとか。風邪をひいたときや熱が出る前なんかも、それにすぐ気づけるように、とにかく子どもの気配を察しましょうって教え方をしていくんです。

それをやっていると、子どもは察してもらうのが当たり前になって、自分で主体的に発話したり、自分はこれがしたいんだということをちゃんと主張したりできるようにならないんじゃないかと思って。それって社会に出たときに大変じゃないか、と。でも、たとえば小学校後半の中学受験のタイミングになると、急に「子どもの主体」性が大切だとか、真逆の言説が子育てに入ってくる。それがすごくアンバランスなんです。「目を離すと死んでしまう赤ちゃん」から、急に「主体的に自立した子どもに」になっていく。そのスイッチというか、断絶みたいなものはすごく大きいな、と。

品田 そういう母子の一体化を強める言説は1980年代から日本中に出てきたっていうことを、私は最初の著作から書いてるんですけど、それって保守の側だけではなくて、むしろ左翼系の専門家たち、たとえば松田道雄さんとかが大事にしてきた言説に近いんです。これって右も左もなく、日本中に流布していたという感じで、母と子が根本的に異なる存在で、それぞれ全然ちがう感覚を持っているというのは、どう言っても伝わらなかった。

水無田 そうなんですよね。右も左も一緒になって「母親は子どもの気配を読め」って言ってるんで、救われようがないんですよね。

野田 社会全体では子どものために予算を割かない国なのに、家族単位になると超子ども中心主義で、親の主体性を消して子どものために子どものためにとなっていく。逆に言えば、社会全体でやってくれないから、親が超子ども中心にならなきゃいけなくなるんでしょうかね。教育費などのお金の負担もそうですね。

品田　逆に戦前とか1980年代前くらいまでのほうが、西洋的な自我を育てる育児法みたいなものを真似ているんです。なんで80年から真逆に変化が起きて、全然止まらないのか、不思議です。

水無田　「赤ちゃんが何を求めてるのかわかってあげましょう」という子育てって、母子が一体化しているはずだっていうイデアというか信念がないとできないですね。

品田　イギリスで主流の子育て法では、ウィニコットなどの思想的な影響もあって、自他の関係のバランスに対する配慮が行き届いてるんですよね。近代の制度に適合した人格を作るっていうのは、意外とむずかしいことだと思うんですよ。微妙なバランスを取らなきゃいけない。主体的であって、かつ他の人のことも配慮していくような自我の形成なのですから。近代的な主体を追求してきたヨーロッパでも、とくにフランスですが、今はむしろ主体を強調しすぎるのはよくないという流れもあって、そういう揺り戻しが来ている気がする。

野田　行き過ぎちゃったら、今度はまったくケアしない人になっちゃったということでしょうか。

品田　実際なっちゃったんだと思います。でも、その結果出てきた揺り戻しの動きが日本に輸入されてくると、ねじれた状況が生じることになります。

野田　つまり、日本ではまだ主体性が不十分な状況なのに、そこに主体性を批判するような言説が入って来ちゃうと。

水無田　何事につけ、それはありますよね。フェミニズムの問題でもそれはあります。現実の状況が追いつかないところに、新しい言説が入ってくる。

高橋　乳幼児の段階から男性が育児をするよう

になってきている現在、男性にも、赤ん坊のイタコになりましょうって要求している状態なんですか。もしそうだとすると、男性にとってはハードルが高すぎるのでは。男性が「やっぱり子育ては母親じゃないと無理」みたいな挫折感を持つ原因になりそうです。

野田　でも普通に女性でも無理だと思うんですけど。イタコではないから（笑）。

品田　私は女性の方が非言語のコミュニケーションが得意だとは全然思えない。男性でも女性でもすごく得意な人はいて、それって個性だと思うんです。子どもがごく小さい頃のnonverbalなものに応えるのも同じように才能で、あまり性差は関係ないんじゃないですか。

水無田　そうですね。「イタコ型」なタイプって、全人類の中ではむしろ少数派なんじゃないですかね。

品田　実際はそんなにむずかしくないですよ。ものすごく高度なことを要求されてる感覚は私にはまったくなかったですね。ペットの犬とかとそんなに変わんない。むしろ人間の子どもの方がわかりやすい。動物の方がむずかしいし、植物は言葉も声もないからもっとむずかしい。

野田　私は、親の主体性みたいなものは日本のリビングの方が見えづらいなってすごく感じていて、そのことと今の話は、同じ現象の表裏なんじゃないかと思います。子どものモノがバーッと侵食してきているようなリビングは、そこに暮らしている親子の自他の境界が曖昧な関係性を表しているのかな、という気がしました。

　本文では「社交」という言葉を使いましたが、イギリスでは、みなさん家族で一緒に過ごすし、その時間はすごく重要だよねって言っていて、でも同時に、家族だけで閉じるんじゃなくて他人をたくさん呼ぶべきだよねって姿勢が見えて。それが両立しているところが、イギリスの家族のバランスなのかと。

品田　本文にも少し書いたことですが、家族の内外の境界線というのが、核家族を確認する場でもあるんだと思いますね。

野田　家族以外の人が来ることによって、一つの家族の輪郭がくっきりするということですね。

品田　そういうことをつねに確認してるんだなと思います。逆に言えば、イギリスでは家族関係はそれだけ不安定なもので、別れちゃう人も多いし、今ある家族っていうのは、そこまで続いてきたメンバーってことだから。そこの違いは大きいと思います。日本ではまだ別れる、離婚の割合は多くないけど、イギリスは存続自体がむずかしいわけだから。

野田　なるほどなぁ。これが今の私たちの家族の形ですよっていうことを、他者にひらくことで自分たちもまた再確認する、という感じなんですね。

品田　逆にうまくいってないとバレちゃうわけですよね。

野田　それがすごいシビアだなって思いました。

品田　夫婦の仲が悪くなったら続けられないっていう辛さもすごくあると思うんですよ。だから、日本とイギリスのどちらが家族として過ごしやすいのか、私は最後までよくわからないと思ってました。

野田　それは全然わからないですよね。確かに。

あとがき

本書は，文部科学省科研費補助金基盤研究（C）課題番号15K03819（「現代日本の家族生活と労働システムの相互性に関する研究：英国との比較から」研究代表：品田知美）による成果である。2014年に研究費の申請をしているので、もう足かけ10年になる。宿題をようやく提出できてホッとした心情になる本は初めてだ。

共編著者の水無田気流（田中理恵子）氏と野田潤氏は、企画当初から研究協力者としてお願いをしている。その後、高橋幸氏がインタビュー実施の協力を機に参加された。研究開始当初は品田知美だけが城西国際大学で常勤職についていて、都内で会合を持つため喫茶店で集まっていたが、ほどなく水無田氏が國學院に着任された。彼女に研究分担者になっていただいた以後は、渋谷にある研究室で集合できてありがたかった。その後、野田氏と高橋氏が現職に着任される一方で品田は職を辞すなど、めまぐるしくそれぞれの人生が動く中、4人で会うことができた機会はさほど多くはない。けれど、座談会にその片鱗を垣間見てもらえるように、研究会は刺激的な議論を含む深い交流がなされて、心から楽しい時間であった。

本書は研究会の流れで書かれたもので、執筆者は章ごとに単名としたが、着想は個人に属するというよりも、（まさに嵐のような）ブレーンストーミングから生まれ出た種が各章に結実していると理解していただきたい。編集者からも「濃いメンバーですよね」と言われるとおり、全員エッジが効いている？ タイプの著者なので、一本芯をとおした共著に仕上がったのは奇跡とも感じる。ただし、かなり踏み込んで解釈を加えた終章は、当初4人の連名を予定していたが品田の単名とした。つまり、大筋の結論を共有した上でも、そこから向かう方向性まで一致しているとは限らないので、賛否両論のある内容のまま書いている。

振り返ると研究の最終年度が2018年で、コロナ禍前にすべて終えることができたのは、この上なく幸運であった。国内外の家族を訪問する研究なので、この3年を思い出すと冷や汗がでるような企画である。要領が良いとはいえない私は、半分くらいはこの研究を遂行する理由で職を辞したほど、イギリスでインタビュー調査を行うために行脚したり、時間をかけている。変わる前の世界を分析し記す研究は、これから変化するかもしれない世界を理解する上でも有用だと信ずる。

当初は硬質な学術書としての出版にこだわって打診していたが、実らないうちに思いがけず亜紀書房から出していただけるというお話となった。気づいたら若い共著者は常勤職に就いたり単著も出されたりしていて、あえて学術書然として出さないほうが多くの方の目に触れるであろうと、期待とともに共著企画を別にスタートしたところ、共同研究者全員の参加が叶った。編集担当者の足立恵美さんとのお仕事は3冊目になるが、いつも私の気づかない点を指摘してもらえる。今回も度々わからない表現を指摘してもらいつつも、企画の経緯から、なお一般向けには硬質な書きぶりとなってしまった気がする。逆に、研究者からは触れられていない先行研究が多々あると不満も残るだろう。本来は引用を記すべき論文や著者が十分文献にリスト化できなかった点をご容赦いただきたい。

私は執筆にあたり「巨人の肩の上に立っている」という自覚は常に忘れてはいない。だが、ここまで共有知が広がる世界で、個人がどこまで先行研究を取り込めるのかは悩ましい問題となる。着想を個人に帰していく学術システム自体にも、そろそろ限界の時が来るように思う。そんな発想も含めて、学術と一般の間にある壁をどこまで残し超えていくのか、見定められずに執筆している。けれども、得られたデータをじっくり熟成させる期間を経て、4人で集めた事実を理解して著すという作業が、表現のしかたの異同があろうとも、紛れもない社会学的な方法論のもとで為された点には自信がある。

私のこれまでの著作との関連を簡単に述べるなら、本書は生活時間を軸に無償労働と家族について論じる大学院時代から続けてきた中核的な研究領域を、さらに発展させた内容となる。博士論文提出以後に様々なデータに触れて、日本の家族について考察していく過程で断片的に問いへの答えを手にした後、集積した問いを束ねられる答えを得るために企画した研究であるからこそ、かなり確度の高い結論にたどり着いたという手応えがある。もちろんすべての研究による結論は暫定的なものだ。世界に溢れている着想に論理体系をそえて差し出すことが、学者に期待される仕事だろう。そして、0《ゼロ》から1《イチ》を創る作業と、1《イチ》のバリエーションをつくる作業との差異はとてつもなく大きい。

それにしても、これほど悠長な仕事に挑戦する人を支援するしくみが、現代日本社会にどれほどあるのだろうか。大学常勤教員の大半は講義と雑務に忙殺される合間を縫って、休日を返上し研究している。いっぽう非常勤教員の報酬は生存するにはあまりにも低すぎる。この物価高を機に賃金交渉をしてもなしの礫だ。研究費を申請することは実質的に不可能なので、私にとってこれが最後のまとまった研究となるだろう。

終章とも関連するが、研究というお金を直接もたらさない行為を続けるためには、少なくとも生きられるお金と時間が必要である。私は生涯にわたって、お金よりも時間を優先させる決断をしたが、生きる上で楽な選択ではなかった。見返りがあるかどうかわからなくてもやりがいとともに為されるべきだと、人びとに信じられているという点で研究と子育ては似ている。

研究費を獲得したあと時間が足りないと行き詰まる私を招聘し、科研費の遂行を続けさせてくれた早稲田大学総合人文科学研究センターには謝意を表する。そして、何よりもこの研究は、日本およびイギリスでインタビュー調査に協力してくださった方々のおかげで成立した。手続き上個人情報は手元に残さないので、この場を借りてお礼を申し上げる。予定した時間をかなり過ぎて帰りがけについ話し込んでしまい、録音もなく記憶の中にしかない会話もある。そして、インタビュー協力者以外に対話を重ねた数知れぬ人びとが、私たちに着想を与えてくれていることを忘れない。

誰のものとも確定できない共有《コモン》の知を取り扱う人びとを大事にする社会は、次世代も大事にし、やがて未来の地球を先導していくだろう。その頃には、ここで仮置きした日本やイギリスという社会を隔てる境界線は、薄くなっているかもしれない。産業化の時代が大きく揺らいでいる環境のもとで、人間は命をつなげていけるだろうか。本書が考える一助になれば本望である。

2023年6月20日

編著者を代表して　品田知美

引用文献（＊姓アルファベット順）

安部公房、１９８５「燃えつきた地図」『安部公房全作品８』新潮社、５‐２１１.

Alexy, Allison, 2020, *Intimate Disconnections: Divorce and the Romance of Independence in Contemporary Japan*, The University of Chicago Press.

安藤究・巽真理子、２０２２「「パブリック／プライベート」空間の重なりと家族・ワークライフバランス――特集への招待」『家族社会学研究34（１）』43‐49.

アリエス、フィリップ、１９８０、杉山光信・杉山恵美子訳『〈子供〉の誕生――アンシァン・レジーム期の子供と家族生活』みすず書房.

バフチン、ミハイル、２００１、伊東一郎・北岡誠司訳「小説における時間と時空間の諸形式」『ミハイル・バフチン全著作第５巻』水声社、１４３‐１４５.

ブレグマン、ルトガー、２０１７、野中香方子訳『隷属なき道　ＡＩとの競争に勝つ――ベーシックインカムと一日三時間労働』文藝春秋.

コーワン、ルース・シュウォーツ、２０１０、高橋雄造訳『お母さんは忙しくなるばかり――家事労働とテクノロジーの社会史』法政大学出版局.

デュルケム、エミール、１９７８、宮島喬訳『社会学的方法の規準』岩波文庫.

デュルケム、エミール、１９８９、井伊玄太郎訳『社会分業論』（上・下）、講談社学術文庫.

江藤淳、１９８８『成熟と喪失――〝母〟の崩壊』河出書房新社.

フロイス、ルイス、１９９１、岡田章雄訳『ヨーロッパ文化と日本文化』岩波文庫.

藤見純子・西野理子編著、２００９『現代日本人の家族――ＮＦＲＪからみたその姿』有斐閣.
藤田弘夫、２００９「空間表象から見た公共性の比較社会学――社会理論から公共性論へ」『現代社会学理論研究3』16‐27.
ギデンズ、アンソニー、１９９５、松尾精文・松川昭子訳『親密性の変容――近代社会におけるセクシュアリティ、愛情、エロティシズム』而立書房.
グレーバー、デヴィッド、２０２０、酒井隆史他訳『ブルシット・ジョブ――クソどうでもいい仕事の理論』岩波書店.
グレーバー、デヴィッド、２０２２、藤倉達郎訳『価値論――人類学からの総合的視座の構築』以文社.
濱口桂一郎、２０１５『働く女子の運命』文春新書.
原田ひ香、２０１９『ＤＲＹ』光文社.
橋本美由紀、２０１０『無償労働評価の方法および政策とのつながり』産業統計研究社.
橋爪大三郎、１９９３『橋爪大三郎コレクションⅠ　身体論』勁草書房.
ハイデッガー、マルティン、２０１３、関口浩訳『技術への問い』平凡社ライブラリー、7‐66.
Helliwell, John F., Layard, Richard, SacKs, Jeffrey D., De Neve, Jan-Emmanuel, Aknin, Lara B., Wang, Shun, 2022, *World Happiness Report 2022*.
ヘニッシュ、ブリジッド・アン、１９９２『中世の食生活――断食と宴』法政大学出版局.
平野啓一郎、２０１２『私とは何か――「個人」から「分人」へ』講談社現代新書.
平井聖、２０１３『日本人の住まいと住まい方』左右社.
広井多鶴子、２０１１「家族概念の形成――家族とfamily」『実践女子大学人間社会学部紀要7』55‐75.
久本憲夫、２００６「実行可能な労働時間政策を求めて」『社会政策学会誌15』48‐61.
本多真隆、２０１８『家族情緒の歴史社会学――「家」と「近代家族」のはざまを読む』晃洋書房.
ハワード、エベネザー、２０１６、山形浩生訳『新訳　明日の田園都市』鹿島出版会.
今田高俊編著、２０００『社会学研究法――リアリティの捉え方』有斐閣アルマ.
石田光規編著、２０１８『郊外社会の分断と再編――つくられたまち・多摩ニュータウンのその後』晃洋書房

石原邦雄・青柳涼子・田淵六郎編著、２０１３『現代中国家族の多面性』弘文堂.

石井クンツ昌子、２００９「父親の役割と子育て参加 ―― その現状と規定要因、家族への影響について」『季刊家計経済研究81』16 - 23.

磯部香、２００８「女子教育者 三輪田眞佐子における「家庭」言説の受容 ―― 明治期の婦人雑誌『女鑑』を対象とした分析から」『日本家政学会誌59（10）』７９３ - ８０３.

金子淳、２０１７『ニュータウンの社会史』青弓社.

Kan,M., Zhou,M., Yoda, S, Jun., et al. 2022, Revisiting the Gender Revolution: Time on Paid Work, Domestic Work, and Total Work in East Asian and Western Societies 1985–2016, *Gender & Society*, Vol 36 No. 3, 368–396.

経済企画庁国民生活局編、１９７５『生活時間の構造分析』大蔵省印刷局.

桐野夏生、１９９７『ＯＵＴ』講談社.

北山忍、１９９５「文化的自己観と心理的プロセス」『社会心理学研究10（３）』１５３ - １６７.

熊谷苑子、１９９８『現代日本農村家族の生活時間 ―― 経済成長と家族農業経営の危機』学文社.

熊谷苑子、２０２１『有賀喜左衛門 ―― 社会関係における日本的性格』東信堂.

ラスレット、ピーター、１９９２、酒田利夫・奥田伸子訳『ヨーロッパの伝統的家族と世帯』リブロポート.

南博、１９８３『日本的自我』岩波新書.

三浦展、２００４『ファスト風土化する日本―郊外化とその病理』洋泉社新書.

水野谷武志、２００５『雇用労働者の労働時間と生活時間 ―― 国際比較統計とジェンダーの視角から』御茶の水書房.

中村桃子、２０２１『「自分らしさ」と日本語』ちくまプリマー新書.

ナンシー、ジャン・リュック、２００６、西山達也・大道寺玲央訳『イメージの奥底で』以文社.

ＮＨＫ放送文化研究所編、２０１５『現代日本人の意識構造（第八版）』ＮＨＫブックス.

日本生産性本部、２０１９「平成31年度新入社員「働くことの意識」調査報告書」.

西川祐子、１９９０「住まいの変遷と「家庭」の成立」女性史総合研究会編『日本女性生活史４近代』東京大学出版会、１-49.

西川祐子、１９９５ａ「日本型近代家族と住いの変遷」西川長夫・松宮秀治編『幕末・明治期の国民国家形成と文化変容』新曜社、１９１-２３０.

西川祐子、１９９５ｂ「「家庭」という空間 ―― 住まいのジェンダー論」『アサヒグラフ別冊 シリーズ20世紀２女性』24-32.

西川祐子、１９９６「近代国家と家族 ―― 日本型近代家族の場合」井上俊ほか編『岩波講座現代社会学19〈家族〉の社会学』岩波書店、75-99.

西川祐子、２００４『住まいと家族をめぐる物語 ―― 男の家、女の家、性別のない家』集英社新書.

西村純子、２００９『ポスト育児期の女性と働き方 ―― ワーク・ファミリー・バランスとストレス』慶應義塾大学出版会.

野田潤、２０１５「家族のコミュニケーションは食卓の充実からか」品田知美編『平成の家族と食』晶文社、１６８-１９１.

野田潤、２０２２「近代日本の家族における「食＝愛情」の論理と手作り料理に求められる水準の上昇 ―― 新聞記事の分析から」『人文・社会科学論集39』27-46.

額賀美紗子・藤田結子編著、２０２２『働く母親と階層化 ―― 仕事・家庭教育・食事をめぐるジレンマ』勁草書房.

オークレー、アン、１９８０、佐藤和枝・渡辺潤訳『家事の社会学』松籟社.

落合恵美子、１９８９『近代家族とフェミニズム』勁草書房.

小田光雄、２０００「郊外文学の発生」『「郊外」と現代社会』青弓社、１５２-１５３.

OECD, 1995, Household Production in OECD Countries: Data Sources and Measurement Methods.

Office for National Statistics, 2022, *Personal well-being in the UK: April 2021 to March 2022.*

表真美、２０１０『食卓と家族 ―― 家族団らんの歴史的変遷』世界思想社.

小野浩、２０１６「日本の労働時間はなぜ減らないのか？ ―― 長時間労働の社会学的考察」『日本労働研究雑誌６７７』15-27.

大橋正浩、２０１５『西高木家陣屋御殿にみる近世武家住宅の公と私の構成』Nagoya City University Academic Repository.
大野久、１９８４「現代青年の充実感に関する一研究——現代日本青年の心情モデルについての検討」『教育心理学研究32（２）』１００-１０９.
大岡昇平、１９８２「武蔵野夫人」『大岡昇平集３』岩波書店.
斎藤修、２００６「農民の時間から会社の時間へ——日本における労働と生活の歴史的変容」『社会政策学会誌15』３-18.
佐々木陽子、２０１２「「お供え」と「蔭膳」——不在者との共食」『現代民俗学研究４』25-38.
佐藤一磨、２０２１「子ども３人いる女性が一番不幸「産むほど幸福度が下がる」育児のリアル」プレジデントオンライン（https://president.jp/articles/-/46613?page=1）.
佐藤康行、２００２『毒消し売りの社会史——女性・家・村』日本経済評論社.
沢山美果子、２０１３『近代家族と子育て』吉川弘文館.
Schlte, B., 2015, *Overwhelmed: How to work, love, and play when no one has the time*, Bloomsbury.
関村オリエ、２０１８『都市郊外のジェンダー地理学——空間の変容と住民の地域「参加」』古今書院.
セリグマン、マーティン、２０１４、宇野カオリ監訳『ポジティブ心理学の挑戦——〝幸福〟から〝持続的幸福〟へ』ディスカヴァー・トゥエンティワン.
嶋﨑尚子・新藤慶・木村至聖・笠原良太・畑山直子編著、２０２０『〈つながり〉の戦後史——尺別炭砿閉山とその後のドキュメント』青弓社.
品田知美、１９９６「既婚女性の家事時間配分とライフスタイル」『家族社会学研究８（８）』１６３-１７３.
品田知美、１９９９「〈労働〉の贈与／Unpaid Work概念の成立」『別冊情況——現代社会学の最前線２』92-１０７.
品田知美、２００１「無償労働の変容と家族の近代」東京工業大学大学院博士論文.
品田知美、２００４『〈子育て法革命〉——親の主体性をとりもどす』中央新書.
品田知美、２００７『家事と家族の日常生活——主婦はなぜ暇にならなかったのか』学文社.

品田知美、２００９「家族の食卓と炊事時間」『ヴェスタ75』20‐25.

Shinada, T., 2011a, Work-time Inequality in Japan: Who are the Really Poor?, *33rd Conference of International Association for Time Use research*, in Oxford, UK.

Shinada, T., 2011b, The Time Divide of Japanese Families: Who are Poorer in Both Time and Money?, *International Workshop of Time-Use Research*, in Seoul, Korea.

品田知美編著、２０１５『平成の家族と食』晶文社.

品田知美、２０１６「家族の生活時間とワーク・ライフ・バランス」松信ひろみ編著『近代家族のゆらぎと新しい家族のかたち』八千代出版、41‐57.

品田知美、２０２０『母と息子の日本論』亜紀書房.

品田知美、２０２２「家族は共に時間を過ごしているか——公的／私的領域の意味論」『家族社会学研究34（１）』66‐75.

Sullivan, O., Gershuny, J., 2004, Inconspicuous Consumption: Work-rich, Time-poor in the liberal market economy, *Journal of Consumer Culture*, 4(1):79-100.

鈴木寛、２０２２「ウェルビーイングの国内動向」Well-being Report Japan 2022　ウェルビーイングレポート日本版２０２２(https://society-of-wellbeing.jp/wp/wp-content/uploads/2022/09/Well-Being_report2022.pdf).

Taga,F.,2016,EU Countries’ Implications for Promoting Fathers’ Participation in Parenting in Japan, *Japanese Journal of Family Sociology*, 28(2): 207–213.

立松和平、１９８０『遠雷』河出書房新社.

トッド、エマニュエル、１９９２、石崎晴己訳『新ヨーロッパ大全１』藤原書店.

トッド、エマニュエル、２００８、荻野文隆訳『世界の多様性——家族構造と近代性』藤原書店.

富岡多惠子、１９９８「波うつ土地」『富岡多惠子集５小説Ⅳ』筑摩書房.

トゥアン、イーフー、１９９２、小野有五・阿部一訳『トポフィリア——人間と環境』せりか書房、

トゥアン、イーフー、２０１８、阿部一訳『個人空間の誕生——食卓・家屋・劇場・世界』ちくま学芸文庫.

上野千鶴子、１９９４『近代家族の成立と終焉』岩波書店.

上野千鶴子、1996「「家族」の世紀」『岩波講座現代社会学19 〈家族〉の社会学』岩波書店、1-22.
上野千鶴子、2002『家族を容れるハコ　家族を超えるハコ』平凡社.
ユネスコ編、2020、浅井春夫・良香織・田代美江子・福田和子・渡辺大輔訳『国際セクシュアリティ教育ガイダンス 改訂版』明石書店.
ボーゲル、E. F、1968、佐々木徹郎訳『日本の新中間階級――サラリーマンとその家族』誠信書房.
ヴォーゲル、スーザン、2012、西島実里訳『変わりゆく日本の家族――〈ザ・プロフェッショナル・ハウスワイフ〉から見た50年』ミネルヴァ書房
若林幹夫、2007『郊外の社会学――現代を生きる形』ちくま新書.
渡邉大輔・相澤真一・森直人編著、2019『総中流の始まり――団地と生活時間の戦後史』青弓社.
ヴェーバー、マックス、1989、大塚久雄訳『プロテスタンティズムの倫理と資本主義の精神』岩波文庫.
山内マリコ、2012『ここは退屈迎えに来て』幻冬舎.
矢野眞和編著、1995『生活時間の社会学――社会の時間・個人の時間』東京大学出版会.
米村千代、2014『「家」を読む』弘文堂.

品田知美《しなだ・ともみ》

早稲田大学総合人文科学研究センター招聘研究員。１９６４年三重県生まれ、愛知県育ち。東京工業大学大学院社会理工学研究科博士課程修了。博士（学術）。城西国際大学福祉総合学部准教授などを経て、現所属。専門領域は無償労働と生活時間を軸とした日常生活の社会学。著書に『家事と家族の日常生活：主婦はなぜ暇にならなかったのか』（学文社）、『平成の家族と食』（晶文社）、『「母と息子」の日本論』（亜紀書房）などがある。
shinada.tomomi@gmail.com

水無田気流《みなした・きりう》

國學院大學経済学部教授。１９７０年神奈川県生まれ。早稲田大学大学院社会科学研究科博士課程単位取得満期退学。修士（学術、哲学）。専門領域は文化社会学、ジェンダー論。詩集『音速平和』（思潮社）で中原中也賞、『Z境』（思潮社）で晩翠賞をそれぞれ受賞。主な著書に『「居場所」のない男、「時間」がない女』（ちくま文庫）、『無頼化した女たち』（亜紀書房）、『多様な社会はなぜ難しいか』（日本経済新聞出版）などがある。

野田潤《のだ・めぐみ》

東洋英和女学院大学専任講師。１９７９年長野県生まれ、長崎県育ち。東京大学大学院総合文化研究科博士課程単位取得満期退学。修士（学術）。専門領域は親密性と子どもをめぐる家族言説の社会学。著書に『平成の家族と食』（晶文社）、『社会学講義』（ちくま新書）、論文に「「子どものため」という語りから見た家族の個人化の検討」（『家族社会学研究』20巻2号）、「近代日本の家族における「食＝愛情」の論理と手作り料理に求められる水準の上昇」（『人文・社会科学論集』39号）などがある。

高橋幸《たかはし・ゆき》

石巻専修大学准教授。１９８３年宮城県生まれ。東京大学大学院総合文化研究科博士課程単位取得退学。修士（学術）。専門領域は、社会学理論、ジェンダー理論。著書に『フェミニズムはもういらない、と彼女は言うけれど』（晃洋書房）、論文に「女性の外見的魅力をめぐるフェミニズムのポリティクス」「ジェンダー平等な恋愛に向けて」（ともに『現代思想』、青土社）などがある。ytakahashi0505@gmail.com

デザイン　三木俊一（文京図案室）
装画　森優
DTP　山口良二

離《はな》れていても家《か》族《ぞく》

2023年8月26日　第1版第1刷発行

著者
品田知美
水無田気流
野田潤
高橋幸

発行者
株式会社亜紀書房
〒101-0051
東京都千代田区神田神保町1-32
電話（03）5280-0261
振替00100-9-144037
https://www.akishobo.com

印刷・製本
株式会社トライ
https://www.try-sky.com

Printed in Japan
ISBN978-4-7505-1806-0　C0036

亜紀書房の本

「母と息子」の日本論

成績がよいことですべてが免罪される日本の男たち。それを支える母と息子。その濃密な関係が日本社会の骨組みを作っている。ひきこもり、教育ママ、相模原障害者殺人事件など、社会で起こる事例を母と息子の関係性をものさしとして、日本社会のいまを考える。

品田知美

無頼化した女たち

出産か、キャリアか。永遠に決められない選択。引き裂かれる「わたし」。普通の幸せは、なぜのぞめないのか？ 木嶋佳苗やカツマーにノマド、2010年代の女たちの実相を描きながら、女たちの果てしない問題を問う。

水無田気流

市川房枝、そこから続く「長い列」

参政権からジェンダー平等まで

ジェンダー平等後進国といわれる日本で、100年前から女性の地位向上を訴えていた人がいた。戦前は男性にしかなかった「女性の参政権」を求め、戦後は無所属の参議院議員として人びとに慕われた。働く女性のトップランナーとして、市川房枝87年の生涯。

野村浩子